Johannes Delitzsch

Die Gotteslehre des Thomas von Aquin

Johannes Delitzsch

Die Gotteslehre des Thomas von Aquin

ISBN/EAN: 9783743356078

Hergestellt in Europa, USA, Kanada, Australien, Japan

Cover: Foto ©ninafisch / pixelio.de

Manufactured and distributed by brebook publishing software (www.brebook.com)

Johannes Delitzsch

Die Gotteslehre des Thomas von Aquin

DIE GOTTESLEHRE

DES

THOMAS VON AQUINO

KRITISCH DARGESTELLT

VON

DR. JOHANNES DELITZSCH.

LEIPZIG,
DÖRFFLING UND FRANKE.
1870.

DEN

DOGMATIKERN ERLANGENS UND TÜBINGENS

HERREN

PROF. D. THOMASIUS und D. LANDERER

MEINEN INNIG VEREHRTEN LEHRERN.

Unsere Untersuchung gilt dem größten Scholastiker, dem Fürsten jenes geistigen Ritterthums, das dem weltlichen Ritterthum des Mittelalters zur Seite ging und auf dem Gebiete der Wissenschaft nicht minder unsterblichen Ruhm, nicht minder glänzende Siegeszeichen davontrug. Es ist jener Thomas von Aquino, der als Jüngling so stumm und unscheinbar zu den Füßen seines gefeierten Lehrers, Albert des Großen, saß, daß ihn der Witz seiner Mitschüler *bos mutus* nannte, von dem aber sein großer Lehrer, der wohl wußte, was in ihm war, mit prophetischen Worten sagte, daß dieser stumme Ochs ein Gebrüll erheben werde, von welchem der Erdkreis wiederhallen solle. Und fürwahr! Thomas von Aquino hat sich einen Namen erworben, der nicht untergehen wird, so lange es noch eine christliche Wissenschaft gibt.

Das kirchliche Dogma hatte sich in einer Reihe von Jahrhunderten seinem positiven Inhalt nach in sich abgeschlossen und in seiner äußeren Objectivität dem Bewußtsein des Geistes gegenübergestellt. In der scholastischen Periode erwachte nun das Interesse des Denkens am Dogma; das Denken wurde zu einer das ganze Zeitalter bewegenden Macht; in dem allgemeinen Bewußtsein der Zeit sprach sich die Ueberzeugung aus, daß es nicht blos im Interesse des Glaubens liege, sondern auch eine unabweisbare Aufgabe des denkenden Geistes sei, die inneren Gründe des kirchlich überlieferten Dogma zu erforschen, seinen Inhalt so viel als möglich zu begreifen und vom Glauben zum vernünftigen Wissen fortzuschreiten. Schon Anselm von Canterbury stellt das als seine eigentliche Aufgabe hin, durch die reine Denknothwendigkeit das als wahr zu erkennen, was der Glaube bekennt und bekennen muß, *rationabili necessitate intelligere, esse oportere omnia, quae nobis fides catholica de Christo credere praecipit*[1]. Ja selbst der Victoriner Hugo will, man solle *quod tenemus ex fide,*

---

1) *Cur Deus homo* I, 25.

ratione apprehendere et demonstrativae certitudinis attestatione firmare.[1] Im Hinblick auf solche Aussprüche hat man die Scholastik öfters für ein speculatives Erkennen des christlichen Glaubens, für eine Philosophie des Christenthums erklärt. So definirt sie Möhler (Gesammelte Schriften Bd. 1. S. 129) den vom Ende des 11. bis zum Anfang des 16. Jahrhunderts dauernden Versuch, das Christliche als rational und das wahrhaft Rationale als christlich zu erweisen, womit das Bemühen sich nothwendig vereinigt habe, klar, scharf und bestimmt die Begriffe der christlichen Lehre festzusetzen. Staudenmaier (Scotus Erigena Bd. 1. S. 146) bezeichnet als das Wesen der Scholastik die enge Verbindung der Religion und Philosophie; hier sei Philosophie Theologie und Theologie Philosophie; man habe so wenig geglaubt, daß das begreifende Erkennen der Theologie nachtheilig sei, daß man es vielmehr für ihr wesentlich gehalten habe. Für derartige Urtheile könnte man sich neben jenen Aussprüchen noch darauf berufen, dass die bedeutendsten Scholastiker bei einzelnen Lehren wenigstens den specifischen Inhalt derselben speculativ zu deuten und zu begreifen suchen. Allein alles dieß rechtfertigt doch noch lange nicht die Behauptung, die Scholastik sei das Bestreben, das Christliche als rational und das wahrhaft Rationale als christlich zu erweisen oder sie sei die Einheit von Philosophie und Theologie; denn „ein speculativ begreifendes Erkennen geht nicht nur von dem Grundsatz der realen Erkennbarkeit des Gegenstandes aus, sondern es will von dem Princip aus, welches es aufstellt oder ergreift, die allmälig herangewachsene und gleichsam starr gewordene Masse empirisch gegebener Lehrsätze wieder flüssig machen und mit dem Princip, mit der Idee, welche in ihnen sich ausgeprägt hat, vergleichen, eben damit aber auch das empirisch gegebene Wissen nicht nur einfach bestätigen, sondern es auch reinigen, läutern und fortbilden zu einer in sich zusammenhängenden, das Wesen des Gegenstandes durchdringenden Erkenntniß. Das ist aber nicht möglich, wenn der Wahrheitsstoff bis in's Einzelnste hinein unantastbar gleichsam kanonisirt und das Ziel, an welchem das

---

1) Vgl. Liebner, Hugo von St. Victor und die theologischen Richtungen seiner Zeit. 1832. S. 64. 173 f. Hugo von St. Victor spricht in seiner Schrift *De sacramentis L. I. P. X. c.* 4 von *tres gradus promotionis fidei, quibus fides crescens ad perfectum contendit: primus per pietatem eligere, secundus per rationem approbare, tertius per veritatem apprehendere.* Daher gibt es 3 Classen von Glaubenden: *in primis sola pietas facit electionem, in secundis ratio adjungit approbationem, in tertiis puritas intelligentiae apprehendit certitudinem.*

Denken ankommen soll, schlechthin vorausbestimmt ist."[1] Eben weil die Scholastik nicht nur von der allgemeinen Voraussetzung ausging, daß der Glaube, und zwar wie ihn die Kirche bis in's Einzelnste festgestellt hatte, absolute Wahrheit sei, sondern noch weiter von dem Axiom, daß diese Wahrheit schlechthin nur auf der Autorität der Kirche und Tradition ruhe, entstand jener auf der Incongruenz der endlichen Vernunft mit dem übervernünftigen Object des Denkens beruhende dualistische Charakter der Scholastik, der ihr significantes Merkmal bildet; jener große innere Kampf der Scholastik, da sie „einerseits, den Inhalt des Glaubens als übernatürlich betrachtend, sich durchaus auf den Boden der kirchlichen Tradition stellte, andrerseits immer wieder alle Hebel der Logik und Dialektik in Bewegung setzte, diesen unendlichen Inhalt zu umfassen, zu begreifen, zu zergliedern, ihn sich menschlich näher zu rücken, und so den Glauben in das Wissen zu erheben"[2] — ein Kampf, dessen Vorspiel wir schon in Scotus Erigena erblicken können. Dieser macht einerseits zum Princip seines ganzen Systems den Satz: „*Quid est aliud de philosophia tractare, nisi verae religionis, qua summa et principalis omnium rerum causa, Deus, et humiliter colitur et rationabiliter investigatur, regulas exponere? Conficitur inde, veram esse philosophiam veram religionem, conversimque veram religionem esse veram philosophiam*";[3] andrerseits aber sagt er geradezu, die Vernunft, der er öfters auch im natürlichen Zustande eine Wahrheit an sich zuerkennt,[4] sei vor der Autorität dagewesen, also höher als dieselbe zu achten; sie bedürfe derselben nicht als Stütze,[5] so daß ihm zuletzt die Autorität nur gilt, soweit sie mit

---

1) Landerer in seinem Artikel „Scholastische Theologie" in Herzog's Real-Encyclopädie. Auch Kuhn (Kathol. Dogmatik Bd. 1. S. 407. 2. Aufl.) bekennt: „es sei immer ein Mangel, eine Unvollkommenheit gewesen, daß die Philosophie in der Scholastik nicht als eigene, selbständige Wissenschaft neben der Theologie zugelassen war."

2) Christlieb, Leben und Lehre des Johannes Scotus Erigena S. 115.

3) *De praedestinatione* I, 1.

4) *De divis. nat.* V, 27. II, 28. IV, 8.

5) *De divis. nat.* I. 69: *Majoris dignitatis est, quod prius est natura, quam quod prius est tempore. Rationem priorem esse natura, auctoritatem vero tempore didicimus. Quamvis enim natura simul cum tempore creata sit, non tamen ab initio temporis atque naturae coepit esse auctoritas. Ratio vero cum natura ex rerum principio orta est: auctoritas siquidem ex vera ratione processit, ratio vero nequaquam ex auctoritate. Vera ratio, quoniam suis virtutibus rata atque immutabilis munitur, nullius auctoritatis astipulatione roborari indiget.*

der Vernunft übereinstimmt. Weil also, wie wir gesehen haben, die scholastische Theologie nicht eins sein konnte und nicht eins war mit einer Philosophie, die ein „begreifendes" speculatives Erkennen gewesen wäre und hätte sein wollen, so müssen wir das Verhältniß der Philosophie zur Theologie, wie es die Scholastik charakterisirt, anders zu bestimmen suchen. Und dieß können wir nicht anders thun, als wenn wir sagen: die Scholastik betrachtete die Philosophie in ihrem Verhältniß zur Theologie im Wesentlichen nur als formal-logische Verarbeitung des gegebenen Wahrheitsstoffes. Die Philosophie bestand hier nur in der Reflexion des abstracten Verstandes, welche den Inhalt der einzelnen Dogmen analysirte, durch Definitionen, Distinctionen und Quästionen aller Art genauer bestimmte und sofort ihn durch Gründe für und wider, besonders aber auch durch ein syllogistisches Verfahren, das von einer gegebenen Wahrheit auf eine andere zu kommen suchte, begründete und endlich durch eine schematisirende Verknüpfung der einzelnen Lehren ein Ganzes, ein gewisses System herzustellen suchte. So können wir zwar Hegel Recht geben, wenn er in seiner Geschichte der Philosophie Bd. 3. S. 151 sagt: „Philosophie und Theologie haben hier als eins gegolten und ihr Unterschied macht eben den Uebergang in die moderne Zeit aus, als man nämlich meinte, daß für die denkende Vernunft etwas wahr sein könne, was es nicht sei für die Theologie; im Mittelalter dagegen liegt zu Grunde, daß es nur Eine Wahrheit sei." Dennoch aber müssen wir daran festhalten, daß diese Einheit und Harmonie, wie sie die Scholastik zwischen Theologie und Philosophie herzustellen versuchte, zuletzt auf dem Herrscherverhältniß der Theologie und dem Dienstverhältniß der Philosophie beruhte, wie denn auch die Scholastik je weiter herab desto mehr auf die Möglichkeit, das Uebersinnliche mittelst der *demonstratio* zu begründen, und auf die Möglichkeit einer *rationabilis necessitas* verzichtete und sich mit der Nachweisung des *possibile* und *conveniens* und des mehr oder weniger Wahrscheinlichen begnügte, bis am Ende die Verknüpfung von Theologie und Philosophie und die vorausgesetzte Einheit von Glauben und Wissen, von der die Scholastik ausgegangen war, sogar in eine völlige Trennung von Theologie und Philosophie, in eine reine Entgegensetzung von Glauben und Wissen sich auflöste.

War nun aber aus den angegebenen Gründen die mittelalterliche Philosophie wesentlich Theologie, so läßt sich doch der bedeutende Einfluß nicht leugnen, welchen demungeachtet die Philosophie auf die Theologie des Mittelalters geübt hat. Seit dem Ende des 12. und Anfang des 13. Jahrhunderts lernte man nämlich die aristotelische Philosophie, und zwar nicht nur die Dialektik derselben, sondern auch ihre Physik und Metaphysik näher kennen, und zwar zunächst aus dem Griechischen. Aber auch von den **Arabern** gewann man eine umfassendere Kenntniß des Aristoteles; bei ihnen hatte die Philosophie des Stagiriten schon seit geraumer Zeit sich Eingang verschafft; die Namen eines Alpharabius (El-Farâbi), eines Avicenna (Ibn Sina), eines Algazel (El-Ghazâli) und zuletzt eines Averroës (Ibn Roschd) sind in dieser Beziehung allbekannt.[1] Nicht blos Uebersetzungen aristotelischer Schriften, die diese arabischen Aristoteliker verfertigt hatten, verbreiteten sich von Spanien aus weiter ins Abendland, sondern auch ihre Commentare über Aristoteles wurden in jener Zeit den scholastischen Theologen bekannt. Zwar fand der Einfluß der aristotelischen und aristotelisch-arabischen Philosophie anfänglich noch mancherlei Hemmungen in wiederholten kirchlichen Verboten des Studiums aristotelischer Schriften; dennoch aber wich bald dieser Mißcredit, in welchen die aristotelische Philosophie anfänglich gekommen war, einem großen Eifer des Studiums derselben, welcher sich in Uebersetzung aristotelischer Schriften, in Vorlesungen über sie, in Abfassung zahlreicher Commentare durch die berühmtesten Scholastiker bethätigte. Der schon genannte Lehrer des Thomas von Aquino, **Albert der Große**, war der erste unter den Lateinern, wie Avicenna früher bei den Arabern, der es unternahm, seinem Volke die Kenntniß der ganzen Doctrin des griechischen Philosophen zu verschaffen; nicht indem er ihn commentirte, sondern indem er ihn paraphrasirte, ein Unternehmen, das ihm den Titel eines Affen des Aristoteles eingetragen hat. Er folgte nämlich dem Aristoteles Schritt für Schritt, verfaßte eine gleiche Anzahl von Werken wie jener, und seine Genauigkeit ging so weit, daß er, so oft er aus der Rolle des Paraphrasten fiel oder so oft er die Schrift, welche er in der seinigen nachahmte, nicht vor sich hatte, seine Leser davon in Kenntniß setzte, indem er entweder den seiner Auseinandersetzung fremden Capiteln den Titel *Digressio* gab oder indem er geradezu sagte, daß er sich die betreffenden Schriften nicht habe verschaffen können, daß er sich aber an die anderen Ortes ausgesprochenen Principien angeschlossen habe. Nach dem Beispiel Albert's unternahm es auch **Thomas von Aquino**, alle Theile der aristoteli-

---

1) Vgl. über das hier Gesagte das Werk von **Jourdain**: „*Récherches critiques sur l'âge et l'origine des traductions latines d'Aristote etc.*, übersetzt v. Adolf **Stahr**.

schen Philosophie zu commentiren, doch in einer anderen Weise. Er wollte nicht, wie sein Lehrer, Werk für Werk dem Aristoteles unter gleichen Titeln nachbilden, sondern ihn, im eigentlichen Sinne des Wortes, commentiren.

So groß nun aber das Ansehn der aristotelischen Philosophie bei diesen Theologen war, so wäre es doch falsch, wenn wir glauben würden, diese Philosophie habe eine ausschließliche Herrschaft ausgeübt. Vielmehr wurden nicht nur einzelne, obwohl wenige Schriften Plato's und mancher Platoniker, freilich auch diese gewöhnlich nur in Uebersetzungen, gelesen, sondern es wirkte der Platonismus oder genauer der Neuplatonismus durch das Medium des Dionysius Areopagita[1], dessen mystische Schriften die *mystica theologia*, das Buch *de divinis nominibus*, die zwei andern *de coelesti* und *de ecclesiastica hierarchia* sind; des schon genannten, unter Karl dem Kahlen aufgetretenen Scotus Erigena, auch des Johannes von Damascus; aber auch der ursprüngliche Platonismus durch das Medium Augustin's und Anderer auf die mittelalterliche Theologie ein.

Wenn wir es nun im Folgenden als unsern Hauptzweck betrachten, eine möglichst übersichtliche und vollständige Entwicklung der Gotteslehre des Thomas von Aquino zu geben, und zwar von philosophischem Standpunkt aus, so werden wir doch auch nicht unterlassen dürfen, so viel als möglich die Nachwirkungen der aristotelischen, besonders aber der neuplatonischen Philosophie aufzuzeigen.

Thomas selber gibt uns die Disposition unsres Stoffes. *Considerabimus* — sagt er — *1. ea, quae ad essentiam divinam pertinent, 2. ea, quae pertinent ad distinctionem personarum, 3. ea, quae pertinent ad processum creaturarum ab ipso.* Was also Gott an sich ist, was er als der Dreieinige ist, und was in seinem Verhältniß zur Welt — das sind

---

[1] Es ist hier natürlich nicht der Ort, der Frage über die Zeit, in welche der Areopagite zu setzen ist, ob er von dem Neuplatonismus beeinflußt sei oder dieser aus dem Areopagiten geschöpft habe, eine nähere Besprechung zu widmen. Wir halten die Ansicht von Baumgarten-Crusius, der im Jenaer Osterprogramm vom Jahre 1823 „*De Dionysio Areopagita*" die dionysischen Schriften in das 3. Jahrhundert verlegte und damit über den Neuplatonismus hinaufrückte, für völlig widerlegt und glauben, daß Dionysius Areopagita nicht über das 5. Jahrh. hinaufzurücken und die Lehre des Proclus als die Quelle zu betrachten ist, aus der jener geschöpft hat, vgl. Engelhardt, Die angeblichen Schriften des Areopagiten Dionysius, Sulzbach 1823. Bd. 2. S. 329 ff.; Baur, Die christliche Lehre von der Dreieinigkeit und Menschwerdung Gottes. Bd. 2. S. 205; Ritter, Geschichte der Philosophie. Bd. 6. S. 533 ff.

die drei Momente der die Lehre von Gott betreffenden Frage. Die Lehre von der Dreipersönlichkeit Gottes gehört dem Gebiet der Theologie an. Die Lösung unsrer rein philosophisch gefaßten Aufgabe zerlegt sich also in zwei Haupttheile: 1. von dem Wesen Gottes an sich, 2. von dem Verhältniß Gottes zur Welt. In dem 1. Haupttheil werden aber auch die Lehre von der Erkennbarkeit Gottes und die Beweise für das Dasein Gottes behandelt werden.

Als Quellen haben wir vor Allem das dogmatische Hauptwerk des Thomas benutzt, seine *Summa totius theologiae*, sodann aber seine Schrift *De veritate catholicae fidei contra gentiles*, welche letztere, weil zur Widerlegung der der katholischen Wahrheit entgegenstehenden Irrthümer geschrieben, vom apologetischen Gesichtspunkte ausgeht und vorzugsweise philosophischen Charakter an sich trägt.

I. Haupttheil.
Von dem Wesen Gottes an sich.

1. Abtheilung.
Vom Dasein Gottes.

Thomas tritt vor Allem der Meinung derjenigen entgegen, welche behaupten, die Wahrheit, daß Gott sei, das Dasein Gottes sei durch bloßes und reines Denken erreichbar, als reine Denknothwendigkeit nachweisbar.[1] Damit stellt er sich in ausgesprochenen Gegensatz zu dem Ontologismus Anselm's, welcher die objective Realität der Gottesidee aus der Idee selbst, das Dasein Gottes aus dem Inhalt der Idee als ein Element derselben beweisen, die reale Existenz Gottes als eine im Begriffe Gottes selbst enthaltene, wesentliche Bestimmung darthun wollte. Der Begriff, der in diesem Beweise als Idee Gottes angenommen wird, ist der: Gott ist das absolut vollkommene Wesen, das, über welches hinaus nichts Höheres gedacht werden kann. Diese Idee, heißt es, in sich, d. h. als Idee betrachtet, muß als wahr, als eine solche, die keinen Widerspruch enthält, anerkannt werden. Durch die Annahme aber, ein absolut höchstes Wesen gebe es nur in unsern Gedanken, würde diese Idee ihre innere Wahrheit verlieren. Denn ein absolut Höchstes, das nur im denkenden Geiste wäre, würde geringer als das absolut Höchste in der Wirklichkeit, und folglich nicht mehr das absolut Höchste sein, über das hinaus nichts Höheres gedacht werden kann. Ein absolut Höchstes ohne Wirklichkeit denken, wäre also dasselbe als einen Widerspruch denken. Denn es hieße etwas als absolut Höchstes und als nicht absolut Höchstes denken.[2] Thomas leugnet nun

---

1) *Summa th. P. I, qu. II, art. I. Contra gentiles lib. I, cap. X: De opinione dicentium, quod Deum esse demonstrari non potest, cum sit per se notum.*

2) *Proslog. cap. II. Convincitur etiam insipiens, esse vel in intellectu aliquid, quo nihil majus cogitari potest; quia hoc, cum audit, intelligit, et quidquid intelligitur, in intellectu est. Et certe id, quo majus cogitari nequit, non potest esse in intellectu solo.*

die Beweiskraft dieses ontologischen Argumentes mit demselben Grunde, mit welchem schon der Mönch Gaunilo von Marmoutier dasselbe bestritten hatte, daß nämlich das Sein in der Vorstellung ein ganz anderes sei als das Sein in der Wirklichkeit.[1] Seine Argumentation ist etwa folgende: Uns leuchten nur solche Sätze, d. i. Verbindungen von Subject und Prädicat unmittelbar ein, deren Subject und Prädicat uns nach ihrem *quid* bekannt ist. Soll für uns ein Satz selbstverständlich sein, so müssen wir Subject und Prädicat desselben verstehen, was aber bezüglich des Subjectes in dem Satze: „Gott ist" durchaus nicht der Fall ist, weil wir von demselben keine Anschauung haben, somit auch nicht wissen, was es ist. Erst wenn wir in dem Satze: „Gott ist" den Sub-

Si enim vel in solo intellectu est, potest cogitari esse in re, quod majus est. Si ergo id, quo majus cogitari non potest, est in solo intellectu, id ipsum, quo majus cogitari non potest, est, quo majus cogitari potest; sed certe hoc esse non potest. Existit ergo procul dubio aliquid, quo majus cogitari non valet et in intellectu et in re. — Dieses epochemachende Argument darf ja nicht mit der Argumentationsweise verwechselt werden, von welcher Anselm in seinem Monologium ausgeht. Denn wenn Anselm hier so argumentirt: Wie das Gute durch das an sich Gute das ist, was es ist, d. h. gut, so ist alles, was ist, durch das Sein, dieses Sein aber ist durch sich selbst, und durch dieses Sein, das allein durch sich selbst ist, ist alles Gute und Große; es gibt somit ein Absolutes, durch welches Alles ist, was es ist (*Monolog. c. I.* .... *Necesse est, ut omnia sint per aliquid bona, quod intelligitur idem in diversis bonis, licet aliquando videantur bona dici alia per aliud.* — *c. III: Est igitur unum aliquid, quod solum maxime et summe omnium est, per quod est, quidquid est bonum vel magnum, et omnino quidquid aliquid est — aliquid, quod sive essentia, sive substantia sive natura dicatur, optimum et maximum est et summum omnium quae sunt*), so ist dieß nur die gewöhnliche Schlußweise, das Zurückgehen vom Bedingten zum Unbedingten als zu seiner nothwendigen Voraussetzung.

1) Was Gaunilo der Anselm'schen Argumentation entgegenhielt, ersehen wir aus seinem *Liber pro insipiente adv. Anselmi in Proslogio ratiocinationem:* der Gedanke schließe die Realität einer Sache noch nicht in sich; es gebe auch viele falsche Gedanken. Ja es frage sich vor Allem, ob man sich überhaupt nur von Gott einen Gedanken bilden könne, da er über alle Gedanken erhaben sei. Wenn jemand von einer Insel spreche, die vollkommener und herrlicher als die bekannten Inseln sei, und daraus die Existenz derselben ableite, weil sie sonst nicht vollkommener als die anderen wäre, so wisse man nicht, ob man den, der einen solchen Beweis führe, oder den, der sich einen solchen gefallen lasse, für einen größeren Thoren halten müsse. Das Verfahren müsse gerade umgekehrt werden: Zuvor sei die Existenz der Insel zu erweisen, und dann erst der Beweis zu führen, daß die Insel an Herrlichkeit alle anderen übertreffe u. s. w. Gegen Gaunilo vertheidigte sich Anselm in der Schrift: *Liber apologeticus contra Gaunilonem respondentem pro insipiente.* Wenn Gaunilo wirklich eine Insel denken könne, vollkommener, als je eine gedacht werden möge, so schenke er sie ihm.

jects- und Prädicatsbegriff nach ihrem Inhalt klar und deutlich erkennen, d. h. wenn wir eine directe Anschauung der Quiddität Gottes *per speciem propriam* gewinnen, ist für uns das Dasein Gottes ein unmittelbar gewisses. Da aber dieß in diesem Leben nicht möglich, vielmehr unser Begriff von Gott immer ein vermittelter, durch Analogie und Verneinung gebildeter Begriff, keine vom Gegenstand selbst durch intellectuelle Anschauung empfangene Vorstellung ist, da also der Satz „Gott ist" für uns niemals zu einer *propositio per se nota* werden kann, d. h. zu einem Axiom, dessen Wahrheit Niemand bezweifeln kann, der den Inhalt der Begriffe, die in ihm als Subject und Prädicat verbunden sind, erfaßt, so folgt daraus, daß wir hienieden die Wahrheit des Satzes „Gott ist" äußerlich begründen müssen.[1] Ferner wendet Thomas gegen das ontologische Argument, nach welchem man, um zu wissen, daß Gott sei, nur zu wissen braucht was der Name „Gott" bedeutet, dieß ein, daß nicht alle mit dem Worte „Gott" den Begriff des denkbar Höchsten verbinden, indem es ja Philosophen gegeben, die Gott und Welt identificirten. Wäre also jener Begriff der Gottheit durch sich selber schon klar, so wäre es unmöglich gewesen, daß diejenigen, welche nicht geleugnet, sondern zugestanden haben, daß Gott sei, diesen mit der Welt verwechselt hätten; aber indem sie diese Verwechslung vornahmen, bewiesen sie durch sich selber, sie besäßen von Gott nicht die Vorstellung, er sei dasjenige Wesen, über welches hinaus nichts Höheres gedacht werden kann.[2] Aber wenn auch unter Gott das denkbar Höchste verstanden werde, so erkenne man, wendet Thomas weiter ein, daraus noch nicht, daß Gott in Wirklichkeit existire; aus der Denkbarkeit dürfe nicht auf die Wirklichkeit geschlossen werden; vielmehr wisse man nur, daß man sich ein solches Wesen denke, und das Argument setze das Dasein Gottes voraus, eine Voraussetzung, die von den Gottesleugnern bestritten werde und somit erst zu erweisen sei. Um also denjenigen, die vom Unendlichen behaupten, die Wahrheit des Begriffes schließe nicht die Wirklichkeit ein, erwidern zu können, ein Unendliches, das nicht gedacht werde, sei nicht das Höchste, das gedacht wer-

---

[1] *Contra gent. lib. I, cap. XI: Sicut nobis per se notum est, quod totum sua parte sit majus, sic videntibus ipsam divinam essentiam per se notissimum est Deum esse, ex hoc, quod sua essentia est suum esse. Sed quia ejus essentiam videre non possumus, ad ejus esse cognoscendum non per se ipsum, sed per ejus effectus pervenimus.*

[2] Ebend. *Non omnibus notum est, etiam concedentibus Deum esse, quod Deus sit id quo majus cogitari non possit, cum multi antiquorum mundum istum dixerint Deum esse.*

den könne, also nicht das wahrhaft Unendliche, müsse bereits die Wirklichkeit des Unendlichen erwiesen sein, weil es sich nicht um das handle, was willkürlich, sondern um das, was nothwendig gedacht werde; zu diesem aber könne, solange das Dasein Gottes in Frage stehe, ein Unendliches, das wirklich sei, nicht gerechnet werden. Es bleibe also nicht vom Endlichen, sondern vom Unendlichen wahr, daß aus der Denkbarkeit seine Wirklichkeit nicht erschlossen werden könne.[1] Wenn man dagegen von dem Satze aus, daß es unmöglich sei, Gott als nicht seiend zu denken, die Existenz Gottes beweisen wollte, und gegen diejenigen, welche jene Unmöglichkeit leugneten, den Einwand erhob, daß wenn Gott als nicht seiend gedacht werden könnte, noch ein Höheres denkbar sei, welchem jener Defect nicht anhaftet, so weist dagegen Thomas darauf hin, daß diese Möglichkeit, Gott als nicht seiend zu denken, ihren Grund nicht habe in der Unvollkommenheit oder Ungewißheit des göttlichen Seins selbst, sondern vielmehr in der Schwäche unseres Verstandes, welcher Gott nicht unmittelbar, sondern nur aus seinen Wirkungen erkennen könne.[2]

Dennoch behauptet Thomas auffallender Weise, daß der Satz „Gott ist" unmittelbar gewiß sei; jedoch soll ihm diese unmittelbare Gewißheit nur an sich zukommen, nicht aber in Beziehung auf uns oder für das subjective Bewußtsein. Damit unserer Erkenntniß der

---

1) Eben d. *Dato quod ab omnibus per hoc nomen Deus intelligatur aliquid, quo majus cogitari non possit, non necesse erit aliquid esse quo majus cogitari non potest in rerum natura. Eodem enim modo necesse est poni rem et nominis rationem,* d. h. von dem Namen und von der Erklärung des Namens muß stets das Gleiche gelten; so wie also daraus, daß ich in meinem Geiste Gott denke, noch nicht folgt, daß dieser Gott auch objectiv wirklich ist, sowenig folgt daraus, daß ich den Namen Gottes erkläre und mir ein Wesen denke, über welches hinaus kein Größeres mehr gedacht werden kann, daß dieses Wesen auch objectiv wirklich sei; vgl. *Summa th. P. I, qu. II, art. I. Ad secundum dicendum, quod forte ille, qui audit hoc nomen Deus, non intelligit significari aliquid, quo majus cogitari non possit, cum quidam crediderint, Deum esse corpus. Dato enim, quod quilibet intelligat hoc nomine Deus significari hoc quod dicitur, scilicet id quo majus cogitari non potest; non tamen propter hoc sequitur, quod intelligat id, quod significatur per nomen, esse in rerum natura, sed in apprehensione intellectus tantum. Nec potest argui, quod sit in re, nisi daretur quod sit in re aliquid, quo majus cogitari non potest; quod non est datum a ponentibus Deum esse.*

2) *Contra gent. lib. I. cap. XI. Nec etiam oportet, ut secunda ratio proponebat, Deo posse aliquid majus cogitari, si potest cogitari non esse. Nam quod possit cogitari non esse, non ex imperfectione sui esse est vel incertitudine, cum suum esse sit secundum se manifestissimum, sed ex debilitate nostri intellectus, qui eum intueri non potest per se ipsum, sed ex effectibus ejus.*

erwähnte Satz als durch sich selbst bekannt sich darstelle, müssen wir, sagt er, Gott zuerst als das, was er ist, klar und deutlich erkennen; denn erst, wenn wir einen klaren und deutlichen Begriff von Gottes Quiddität haben, sind wir im Stande, unmittelbar zu erkennen, daß das Prädicat im Begriffe Gottes nothwendig und wesentlich enthalten ist; allein an und für sich genommen, d. h. objectiv betrachtet, ist jener Satz durch sich evident, durch sich bekannt, weil das Prädicat im Subject wesentlich enthalten, ja mit demselben der Sache nach identisch ist.[1] Diese Unterscheidung ist offenbar verfehlt und darum unhaltbar. Denn wenn auch Wesen und Sein in Gott eines und dasselbe ist, so liegt doch für den erkennenden Geist außer ihm die Frage der Realität schlechthin außerhalb des Begriffes und die Unterscheidung *quoad se* und *quoad nos* fällt daher in sich selbst zusammen. Ist der Satz: „Gott ist" ein an sich gewisser, so muß er es auch in Beziehung auf uns sein. Thomas muß daher, wenn er das Anselm'sche Argument deswegen bestreitet, weil das *esse in intellectu* etwas ganz anderes sei als das *esse in re*, überhaupt leugnen, daß der Satz: „Gott ist" ein unmittelbar gewisser ist, d. h. ein solcher, in welchem mit dem Begriffe der Sache auch die reale Existenz derselben gesetzt ist. Gewiß hatte deshalb Duns Scotus Recht, wenn er bemerkte: da ein Begriff oder Satz nur *respective ad cognoscentem* d. h. als ein gewußter, ein an sich gewisser heißen könne, so sei ein solcher immer auch *quoad nos* ein gewisser oder überhaupt nicht gewiß, weil nicht gewußt. An sich gewiß heiße ein Satz, weil er an sich von einem Verstand erkannt werden kann; würde es keinen wirklich erkennenden Verstand geben, so gäbe

---

[1] *Summa th. P. I, qu. II, art. I: Respondeo dicendum, quod contingit aliquid esse per se notum dupliciter. Uno modo secundum se et non quoad nos, alio modo secundum se et quoad nos. Ex hoc enim aliqua propositio est per se nota, quod praedicatum includitur in ratione subjecti, ut: Homo est animal; nam animal est de ratione hominis. Si igitur notum sit omnibus de praedicato et de subjecto quid sit, propositio illa erit omnibus per se nota: sicut patet in primis demonstrationum principiis* (nach Aristoteles), *quorum termini sunt quaedam communia, quae nullus ignorat, ut ens et non ens, totum et pars, et similia. Si autem apud aliquos notum non sit de praedicato et subjecto quid sit: propositio quidem quantum in se est erit per se nota, non tamen apud illos, qui praedicatum et subjectum propositionis ignorant. ... Dico ergo, quod haec propositio Deus est, quantum in se est, per se nota est; quia praedicatum est idem cum subjecto. Deus enim est suum esse, ut infra patebit. Sed quia nos non scimus de Deo quid est, non est nobis per se nota, sed indiget demonstrari per ea, quae sunt magis nota quoad nos, et minus nota quoad naturam, scilicet per effectus.*

es auch keinen an sich gewissen Satz.¹ Nun könnte man freilich sagen, Thomas habe jene Unterscheidung allein in dem Sinne geltend gemacht, daß das *notum per se quoad se* nur die logische, in dem Begriffe Gottes enthaltene Gewißheit seines Daseins sei, im Unterschied von der metaphysischen Gewißheit; man müsse also nach Thomas den bloßen Begriff Gottes, die Definition des Absoluten, unterscheiden von der Erkenntniß Gottes, dem Wissen der Realität dieses Begriffes. Und in der That erklärt ja auch Thomas an der angeführten Stelle das *notum per se quoad se* im Sinne eines analytischen Urtheils, wenn er sagt: *Ex hoc enim aliqua propositio est per se nota, quod praedicatum includitur in ratione subjecti, ut homo est animal, nam animal est de ratione hominis.* Von solcher Art sind ihm die *principia prima, quorum termini sunt quaedam communia, quae nullus ignorat, ut ens et non ens, totum et pars, et similia.* Aber er bleibt dabei nicht stehen, sondern fährt so fort: *Si autem apud aliquos notum non sit de praedicato et subjecto, quid sit, propositio quidem, quantum in se est, erit per se nota, non tamen apud illos, qui praedicatum et subjectum propositionis ignorant.* Das könnte allerdings so gemeint sein, daß nur für die in der genannten Beziehung Ungewissen der Beweis erforderlich sei. Allein dem ist nicht so. Denn Thomas rechnet zu diesen Nichtgewissen alle Menschen, auch sich selbst, sodaß die Frage, wie er gleichwohl wisse, daß das Dasein Gottes ein *notum per se quoad se* sei,

---

1) *In sent. lib. I, dist. II, qu. II. Cum propositio sit per se nota, quae ex propriis terminis habet evidentem veritatem, et alii termini sint conceptus quiditatis distincte, ut importatur per definitionem, et conceptus quiditatis confuse, ut importatur per nomen, sequitur quod propositio non est per se nota, quiditate confuse accepta, quae non est nota, nisi eadem distincte concipiatur per definitionem. — Est igitur omnis et sola illa propositio per se nota, quae ex terminis sic conceptis, ut sunt ejus termini, nata est habere evidentem veritatem complexionis. Ex hoc patet, quod non est distinguere inter propositionem per se notam et per se noscibilem, quia idem sunt. Nam propositio non dicitur per se nota, quia ab aliquo intellectu cognoscatur per se — tunc enim, si nullus intellectus actu cognosceret, nulla propositio esset per se nota — sed dicitur per se nota, quia, quantum est de natura terminorum, nata est habere evidentem veritatem contentam in terminis, etiam in quocunque intellectu concipiente terminos; si tamen aliquis intellectus non concipiat terminos et ita concipiat propositionem, non minus est per se nota, quantum est de se, et sic loquimur de propositione per se nota. Ex his patet, quod nulla est distinctio de re per se nota in se et in nobis, quia quaecunque est in se nota, cuicunque intellectui est per se nota, licet non actu cognita, tamen quantum ex terminis est evidenter nota, si termini concipiantur, sicut de syllogismo perfecto, qui nullius indiget, ut appareat necessarius.*

bestehen bleibt. Die Unklarheit und Unhaltbarkeit jener Unterscheidung des an sich Gewissen und des für uns Gewissen ist nicht aufgehoben.

So viel über die Polemik des Thomas gegen den Ontologismus Anselm's. Nicht minder entschieden als ihm tritt er aber auch dem Traditionalismus entgegen, welcher die Erkenntniß des Daseins Gottes einzig und allein aus dem Glauben ableiten will.[1] Ihm gegenüber hält er vor Allem an dem Grundsatz fest, daß das Dasein Gottes nicht blos Gegenstand des Glaubens, sondern auch eine Wahrheit der Vernunft sei. Sodann beruft er sich auf die dialektische Kunst, welche aus den Wirkungen die Ursachen zu erschließen lehrt, ferner auf die systematische Ordnung der Wissenschaften, sofern es nämlich außer der Naturwissenschaft keine höhere, metaphysische Vernunftwissenschaft geben könnte, wenn über der sinnlichen nicht auch noch eine höhere, übersinnliche Substanz für uns erkennbar wäre, dann auf die Beweise, welche die Philosophen für das Dasein Gottes aufgebracht haben, endlich auf den Ausspruch des Apostels Paulus im Briefe an die Römer 1, 20.[2] Dem Einwande gegenüber, daß den Beweisen für das Dasein Gottes als Beweisgrund das Wesen Gottes zu Grunde liege, daß also mit der Aufhebung des göttlichen Wesens auch der Beweis für das Dasein desselben hinfällig werde, macht Thomas geltend, daß die hier gemachte Voraussetzung völlig falsch sei, da ja die Beweise für das Dasein Gottes nicht apriorischer Natur seien, wie hiebei vorausgesetzt werde, sondern lediglich aposteriorischer, von den im geschöpflichen Dasein uns vorliegenden Wirkungen auf die Ursache schließend, welche Gott sei.[3]

Hiemit ist uns schon der Weg gebahnt zu den Beweisen, welche Thomas seinerseits für das Dasein Gottes aufstellt. Der Satz: „Gott

---

1) *Contra gent. lib. I, cap. XII: De opinione dicentium quod Deum esse sola fide tenetur et demonstrari non potest. Dicunt enim, quod Deum esse non potest per rationem inveniri, sed per solam viam fidei et revelationis est acceptum.*

2) Ebend. *Hujusmodi sententiae falsitas nobis ostenditur tum ex demonstrationis arte, quae ex effectibus causas concludere docet; tum ex ipso scientiarum ordine: nam si non sit aliqua scibilis substantia supra substantiam sensibilem, non erit aliqua scientia supra naturalem, ut dicitur in IV. Metaphysic.; tum ex philosophorum studio, qui Deum esse demonstrare conati sunt; tum etiam apostolica veritate assentiente Rom. I, 20: Invisibilia Dei per ea, quae facta sunt, intellecta conspiciuntur.*

3) Ebend. *In rationibus, in quibus demonstratur Deum esse, non oportet assumi pro medio divinam essentiam sive quidditatem; sed loco quidditatis accipitur pro medio effectus, sicut accidit in demonstrationibus quia; et ex hujusmodi effectu sumitur ratio hujus nominis Deus.*

ist" scheint jedoch, wendet sich Thomas ein, nicht blos kein unmittelbar gewisser, sondern nicht einmal ein demonstrirbarer zu sein. Das Wichtigste, worauf er sich in dieser Beziehung beruft, ist, daß wenn das Sein Gottes demonstrirt werden sollte, es nur durch die Wirkungen Gottes geschehen könnte. Da aber die Wirkungen endlich seien, Gott selbst unendlich sei, so finde zwischen der Ursache und den Wirkungen kein adäquates Verhältniß statt, und es sei daher auch der Demonstration kein Uebergang von den Wirkungen zu der Ursache möglich. Es gibt aber, erwidert Thomas, eine doppelte Demonstration: die eine geht von der Ursache aus, die andere von den Wirkungen. Sind die Wirkungen uns bekannter als die Ursache, so gelangen wir von den Wirkungen aus zur Erkenntniß der Ursache, welche vor den von ihr abhängigen Wirkungen existiren muß. Wenn daher auch das Sein Gottes für uns nichts unmittelbar Gewisses ist, so kann es doch durch die uns bekannten Wirkungen demonstrirt werden; und wenn auch die Wirkungen in keinem adäquaten Verhältnisse zu der Ursache stehen, so kann doch aus einer jeden Wirkung das Sein der Ursache klar demonstrirt werden, wenn auch durch die ihrer Ursache nicht proportionirten Wirkungen keine vollkommene Erkenntniß der ersteren gewonnen werden kann.[1]

Auf Grund dieser Voraussetzung betritt nun Thomas den Weg der aposteriorischen Demonstration und stellt fünf Argumente für das Dasein Gottes auf, die sich an die bekannten aristotelischen anschließen und deren jedes von einem andern Punkt der gegebenen Wirklichkeit aus auf die absolute Ursache derselben zurückgeht.[2] Betrachten wir nun die Argumente etwas näher.

---

1) *Summa th. P. I, qu. II, Art. II. Si demonstraretur Deum esse, hoc non esset nisi ex effectibus ejus. Sed effectus ejus non sunt proportionati ei, cum ipse sit infinitus et effectus finiti; finiti autem ad infinitum non est proportio. Cum ergo causa non possit demonstrari per effectum sibi non proportionatum, videtur quod Deum esse non possit demonstrari. Respondeo dicendum, quod duplex est demonstratio. Una quae est per causam, et dicitur propter quid, et haec est per priora simpliciter; alia est per effectum et dicitur demonstratio quia, et haec est per ea, quae sunt priora quoad nos. Cum enim effectus aliquis nobis sit manifestior quam sua causa, per effectum procedimus ad cognitionem causae. Ex quolibet autem effectu potest demonstrari propriam causam ejus esse, si tamen ejus effectus sint magis noti quoad nos; quia cum effectus dependeant a causa, posito effectu necesse est causam praeexistere. Unde Deum esse, secundum quod non est per se notum quoad nos, demonstrabile est per effectus nobis notos.*

2) Ebend. *Art. III: Dicendum, quod Deum esse quinque viis probari potest.*

Das **erste Argument** geht von dem Begriffe der Bewegung aus. Die sinnliche Wahrnehmung zeigt, daß es in der Welt solches gibt, was bewegt wird; alles aber, was bewegt wird, wird von etwas Anderem bewegt. Denn nichts wird bewegt, ohne daß es die Möglichkeit des Bewegtwerdens in sich enthält. Bewegen aber kann etwas nur, sofern es wirklich ist. Denn bewegen heißt nichts anderes, als etwas von der Möglichkeit zur Wirklichkeit bringen;[1] von der Möglichkeit aber kann etwas zur Wirklichkeit nur gebracht werden durch etwas, was wirklich ist;[2] wie z. B. das actuell Warme, das Feuer, das blos der Potenz nach Warme, das Holz, zum actuell Warmen macht und so bewegt. Unmöglich aber ist, daß etwas der Wirklichkeit und Möglichkeit nach zugleich dasselbe ist, wie das actuell Warme nicht zugleich der Potenz nach warm sein kann. Es ist daher unmöglich, daß etwas als Bewegtes zugleich Bewegendes ist, oder sich selbst bewegt, sondern was bewegt wird, muß von einem andern bewegt werden;[3] und dieß letztere wieder von einem Anderen. Ins Unendliche aber kann man so

---

[1] Diese Bestimmung der Bewegung rührt von Aristoteles her. Nach ihm ist die Bewegung die Entelechie dessen, was der Möglichkeit nach ist. *Phys. III,1:* ἡ τοῦ δυνάμει ὄντος ἐντελέχεια ᾗ τοιοῦτον, κίνησίς ἐστιν .... ἡ τοῦ δυνατοῦ, ᾗ δυνατὸν, ἐντελέχεια φανερὸν ὅτι κίνησίς ἐστιν. *VIII. 1:* φαμὲν δὴ τὴν κίνησιν εἶναι ἐντελέχειαν τοῦ κινητοῦ ᾗ κινητόν.

[2] Vgl. Aristoteles, *Metaphys. IX, 8:* ἀεὶ γὰρ ἐκ τοῦ δυνάμει ὄντος γίγνεται τὸ ἐνεργείᾳ ὂν ὑπὸ ἐνεργείᾳ ὄντος. *De gen. animal. II, 1:* ὅσα φύσει γίγνεται ᾗ τέχνῃ, ὑπ᾽ ἐνεργείᾳ ὄντος γίγνεται ἐκ τοῦ δυνάμει ὄντος.

[3] Dieser Satz wird *Contra gent. lib. I, cap. XVIII* in folgender Weise begründet: Würde nicht alles Bewegtwerdende von etwas anderem bewegt werden, dann müßte es in sich selbst das Princip seiner Bewegung haben; und zwar müßte es als **Ganzes** das zuerst Bewegte sein, weil es als solches, nicht in Ansehung eines seiner Theile bewegt wird, wie etwa der Mensch durch Bewegung seines Fußes in Bewegung kommt. Dann dürfte auch die Bewegung oder Ruhe des Ganzen nicht abhängig sein von der Bewegung oder Ruhe des Theiles. Da dieß aber thatsächlich der Fall ist, da z. B. der Mensch nur dann in Bewegung gesetzt wird, wenn sich sein Fuß oder seine Hand oder irgend ein anderes Glied seines Körpers in Bewegung setzt, so ist eben das Ganze nicht Princip seiner eigenen Bewegung. *Nihil quod quiescit quiescente alio movetur a se ipso; cujus enim quies ad quietem sequitur alterius, oportet quod motus ad motum alterius sequatur, et sic non movetur a se ipso. Ergo hoc quod ponebatur a se ipso moveri non movetur a se ipso: necesse est ergo, omne quod movetur ab alio moveri.* In den Fällen aber, wo das Ganze nicht durch einen seiner Theile in Bewegung gesetzt wird, geschieht das durch ein Accidens, das von ihm selbst verschieden ist. Endlich aber ist es unmöglich, daß etwas insofern und nach der Beziehung nach welcher es bewegt wird zugleich auch bewegend sei; sonst müßte es zugleich actuell und potentiell sich verhalten, was nicht

nicht fortgehen, weil das mittelbar Bewegende *(moventia secunda)* nur bewegt, sofern es von dem ersten Bewegenden bewegt wird, wie der Stock nur bewegt, sofern er von der Hand bewegt wird; man muß daher zuletzt auf ein erstes Bewegendes kommen, das von keinem andern bewegt wird, auf ein Wesen, von dem alle wandelbaren Weltdinge abhängen, welches selbst aber von keinem andern abhängt, sondern in seinem Dasein und Wirken in jeder Hinsicht sich selbst genügt.

Das **zweite Argument** geht vom Begriff der **wirkenden Ursache** aus; in ihm werden also nicht sowohl die Veränderungen, welche die Dinge erleiden, als die Wirkungen, die sie verursachen, betrachtet. Das Argument ist folgendes: In den sinnlichen Dingen bemerken wir eine Ordnung der wirkenden Ursachen; und doch ist es nicht nur nicht der Wirklichkeit, sondern auch nicht der Möglichkeit gemäß, daß etwas die wirkende Ursache seiner selbst sei, weil es ja sonst sein müßte, ehe es ist. Ebensowenig aber kann es eine unendliche Reihe wirkender Ursachen geben, weil in jeder Reihe wirkender Ursachen das Erste die Ursache des Mittleren *(causa medii)* ist, und das Mittlere die Ursache des Letzten, bestehe das Mittlere aus Mehrerem oder Einem; fehlt aber die Ursache, so fehlt auch die Wirkung; gibt es also kein Erstes in den wirkenden Ursachen, so gibt es auch kein Letztes und kein Mittleres. Keine erste wirkende Ursache aber gibt es, wenn es eine unendliche Reihe wirkender Ursachen gibt, und es gibt dann auch keine letzte Wirkung und keine mittleren wirkenden Ursachen, was falsch ist; also muß es eine erste wirkende Ursache geben, ein Wesen, das verursacht, ohne verursacht zu sein, das also sein Dasein nicht empfängt, eine wahrhaft erste Ursache, ohne welche es keine andere gäbe.

Gegen diesen Beweis des Daseins Gottes aus der Unmöglichkeit einer unendlichen Causalreihe könnte man nun Einwendungen erheben. Wir sehen hiebei vorerst von jenem Einwurfe ab, welchen man wider alle kosmologische Beweise geltend macht, es werde nämlich durch sie zwar das Dasein einer Ursache der Weltdinge, aber darum nicht das Dasein eines wahren d. i. selbstbewußten, von der Welt substantiell verschiedenen Absoluten dargethan. Davon werden wir weiterhin sprechen. Allein man könnte, wenn man auch gegen den Beweis an sich nichts einwendet, doch meinen, daß wenigstens Thomas sich des-

---
möglich ist, da ja überhaupt nichts in derselben Richtung zugleich *in potentia* und *in actu* sein kann.

Hierzu vergleiche man die grundlegenden Stellen des Aristoteles bei Zeller, Die Philosophie der Griechen. Theil 2. Abtheilung 2. S. 265 ff.

selben, ohne mit sich selbst in Widerspruch zu gerathen, nicht habe bedienen können; denn er räume ja, wie wir später sehen werden, ein, daß sich der zeitliche Anfang der Welt durch Vernunftgründe nicht beweisen lasse: er könne also auch nicht leugnen, daß endlose Reihen von Dingen, welche in ihrem Dasein gegenseitig von einander abhängen, denkbar seien. Aber dieses Bedenken läßt sich heben. Wirkende Ursachen können von anderen in zwiefacher Weise abhängig sein: entweder wie die Reihen gleichartiger Wesen, die durch Zeugung sich fortpflanzen, oder wie die ungleichartiger Wesen, deren eins das andere nicht voraussetzt. Daß der Zusammenhang ungleichartiger Wesen aus einer endlosen Reihe von Ursachen nicht erklärt werden könne, sondern eine erste Ursache, die von keiner andern abhängt, voraussetze, leugnet Thomas nicht. Der Beweis für das Dasein Gottes hat also, wenn von diesen Ursachen die Rede ist, seine volle Kraft. Was aber die durch Zeugung sich fortpflanzenden Dinge betrifft, so war allerdings Thomas der Meinung, daß sich die innere Unmöglichkeit anfangsloser Reihen nicht darthun lasse, daß es also der Vernunft nicht geradezu widerspreche, wenn man bei jenen Dingen keine erste Ursache annehmen würde. Allein ist denn in dem angeführten Beweise für das Dasein Gottes von einer solchen ersten Ursache die Rede? Gewiß nicht. Um das Dasein von Ursachen, die selbst verursacht sind, zu erklären, genügt es doch sicherlich nicht, daß eine derselben der Zeit nach die erste, übrigens aber gleicher Art mit der anderen sei. Es muß daher eine Ursache geben, die selbst nicht verursacht ist, mögen auch die Dinge, die von anderen verursacht werden, unendlich viele sein. Dieß Wesen ist in Vergleich mit jenen anderen Ursachen die erste nicht der Zeit, sondern der Natur und dem Range nach, weil es der eine letzte Grund aller anderen ist. Wenn also Thomas eine Reihe verursachter Dinge ohne Anfang und Ende für denkbar hält, so muß er deßwegen keineswegs zugeben, daß eine solche anfangs- und endlose Reihe denkbar sei ohne ein Wesen außer ihr, das der anfangslose Anfang der unendlichen Reihe der durch Zeugung sich fortpflanzenden Dinge ist.

Das **dritte Argument** ruht auf dem Begriffe des Möglichen und Nothwendigen. Es ist derselbe Beweis, welchen Leibnitz[1]

---

1) Leibnitz formulirte dieß Argument in seiner Theodicee (I, c. 7) so: „Wir sind genöthigt, den Grund der Welt, welche die Gesammtheit der zufälligen Dinge ist, in der Substanz zu suchen, welche den Grund ihrer Existenz in sich selbst trägt und folglich nothwendig und ewig ist."

den Beweis aus der Zufälligkeit der Welt, *a contingentia mundi* nannte. Wir finden, sagt Thomas, in den Dingen Manches, was ebenso gut sein als auch nicht sein kann. Es gibt so Vieles, was entsteht und vergeht, folglich sein und nicht sein kann. Unmöglich aber ist, daß alles dieser Art Seiende immer ist, weil was nicht sein kann auch wirklich einmal nicht ist. Wenn nun möglich ist, daß alles nicht ist, so war auch einmal wirklich nichts. Ist dieß aber richtig, so müßte auch jetzt nichts sein, weil was nicht ist nicht zu sein anfängt außer durch etwas, was ist. Wenn es daher nichts Seiendes gab, so kann auch nichts angefangen haben zu sein, und so wäre in der That noch nichts; aber eben dieß, daß jetzt noch nichts ist, ist falsch. Also hat nicht alles Seiende ein blos mögliches Sein, sondern es muß auch etwas Nothwendiges in den Dingen sein. Alles Nothwendige aber hat entweder die Ursache seiner Nothwendigkeit anderswoher oder nicht. Unmöglich aber kann die Reihe des Nothwendigen, das eine Ursache seiner Nothwendigkeit hat, eine unendliche sein, wie dieß erwiesenermaßen selbst bei wirkenden Ursachen nicht angeht; also muß es etwas geben, das an sich nothwendig ist, etwas also, das die Ursache seiner Nothwendigkeit nicht anderswoher hat, sondern für Anderes die Ursache der Nothwendigkeit ist; und dieß Wesen, welches so ist, daß es nicht nicht sein kann, und die Ursache der Dinge ist, die auch nicht sein können, nennt man allgemein Gott.[1]

Hier befindet sich Thomas in offenbarem Widerspruch mit sich selbst. Indem er nämlich, um zu zeigen, daß das Sein des Zufälligen ein Nothwendiges voraussetze, von dem Satze ausgeht, daß alles was sein und nicht sein könne, irgend einmal nicht gewesen sei, so nimmt er hier als eine von selbst einleuchtende Wahrheit an, was er später

---

1) *Summa th. l. c. Invenimus in rebus quaedam, quae sunt possibilia esse et non esse, cum quaedam inveniantur generari et corrumpi et per consequens possibilia esse et non esse. Impossibile est autem omnia, quae sunt, talia semper esse; quia quod possibile est non esse, quandoque non est. Si igitur omnia sunt possibilia non esse, aliquando nihil fuit in rebus. Sed si hoc est verum, etiam nunc nihil esset, quia, quod non est, non incipit esse nisi per aliquod quod est. Si igitur nihil fuit ens, impossibile fuit, quod aliquid inciperet esse, et sic modo nihil esset, quod patet esse falsum. Non ergo omnia entia sunt possibilia, sed oportet aliquid esse necessarium in rebus. Omne autem necessarium vel habet causam suae necessitatis aliunde vel non habet. Non est autem possibile, quod procedatur in infinitum in necessariis, quae habent causam suae necessitatis, sicut nec in causis efficientibus, ut probatum est. Ergo necesse est ponere aliquid, quod sit per se necessarium non habens causam suae necessitatis aliunde, sed quod est causa necessitatis aliis; quod omnes dicunt Deum.*

für eine der Vernunft unerkennbare Glaubenslehre gehalten wissen will, daß nämlich die Welt einmal nicht gewesen. Dagegen meint Kleutgen,[1] Thomas verstehe unter dem Möglichen nicht das blos logisch Mögliche oder Denkbare, das den Gegenstand der göttlichen Allmacht bildet, und also durch diese sein kann, sondern das real Mögliche, dessen Dasein nicht blos keinen Widerspruch in sich schließt, sondern in der schon bestehenden Ordnung der Dinge einen hinreichenden Grund hat. Ebenso sei ihm aber auch das, was nicht sein kann, nicht alles, dessen Nichtsein denkbar ist, sondern nur das, was jetzt zwar ist, aber bald nicht mehr sein wird, weil der Grund seines Vergehens schon gegeben ist. Daraus folge, daß bei Thomas auch der Begriff des Nothwendigen nicht auf das beschränkt sei, dessen Nichtsein oder Untergang ein logischer Widerspruch wäre, sondern auf alles ausgedehnt werde, für dessen Untergang es weder in ihm selbst noch in den übrigen Dingen einen Grund gebe. Kurz: Unter dem, was sein und nicht sein kann, hätten wir das Vergängliche, unter dem Nothwendigen das Unvergängliche zu verstehen. Das Argument schließe also von dem hinfälligen Sein auf ein nothwendiges Sein, auf ein Wesen, das immer war und nicht aufhören kann zu sein, weil es den Grund seines Daseins in sich selber hat. Für seine Auffassung macht Kleutgen besonders die Worte *generari et corrumpi* zu Anfang des Beweises geltend. Allein jedermann sieht ein, daß diese Interpretation eine tendenziöse ist; Thomas fügt ja zu dem *generari et corrumpi* ausdrücklich hinzu *et per consequens possibilia esse et non esse* und sagt deutlich und klar *aliquando nihil fuit in rebus*.

Das **vierte Argument,** das wir bereits bei Augustin und Anselm finden, geht aus von dem graduellen Unterschied, der in den Dingen stattfindet, von den Stufen der Vollkommenheit, die wir in den Weltwesen unterscheiden. Sein Gang ist folgender: Es gibt in den Dingen Grade des Guten, Wahren, Edlen u. s. w. Dieser graduelle Unterschied wird von dem Verschiedenen ausgesagt, insofern sich dieses auf verschiedene Weise dem höchsten Grade nähert, wie ja auch das einen höheren Grad von Wärme einnimmt, was mehr als anderes dem Wärmsten nahesteht. Es gibt also etwas, welches das Wahrste, Beste, Edelste ist, und folglich auch ein höchstes Wesen überhaupt; denn was den höchsten Grad des Wahren einnimmt, behauptet auch

---

[1] „Die Philosophie der Vorzeit" Bd. 2. S. 711. 712.

den höchsten Grad des Seienden. Was aber das Höchste einer bestimmten Gattung ist, ist die Ursache alles dessen, was zu dieser Gattung gehört, wie das Feuer als das den höchsten Grad des Warmen Einnehmende die Ursache alles Warmen ist. Hieraus folgt, daß es ein Wesen geben muß, das für alles Seiende die Ursache des Seins, der Güte und jeder Vollkommenheit ist; und dieß Wesen nennen wir Gott.

In dieser Beweisführung haben mit Recht manche spätere Scholastiker Schwierigkeiten gefunden. Daß es irgend ein Wesen geben müsse, welches unter allen das vollkommenste sei, leuchte freilich ein; daß aber dieß Wesen die Ursache aller anderen sei, ergebe sich nicht sofort mit Nothwendigkeit. Thomas stütze diesen Schluß auf den Grundsatz, in jeder Gattung sei das Vollkommenste die Ursache des Uebrigen, und verweise für denselben auf Aristoteles. Dieser jedoch sage vielmehr, daß unter Dingen, die unter demselben Begriff stehen, jenes, welches Ursache der übrigen ist, das, was der Begriff enthält, am vollkommensten besitze. Ein solcher Satz lasse sich aber nicht ohne weiteres umkehren. Wenn eines der gleichnamigen Dinge Ursache der übrigen sei, dann müsse es freilich das Vollkommenste der Art sein; aber nicht jedes Vollkommene einer Art sei Ursache des minder Vollkommenen. Der vollkommenste Mensch sei doch nicht Urheber der übrigen Menschen. Daher meinte Cajetan[1] der Schwierigkeit dadurch entgehen zu müssen, daß er annahm, Thomas rede von dem Vollkommensten nur insofern es das Maß des minder Vollkommenen, also seine vorbildliche Ursache, sein Ideal sei. Allein davon hätte ihn schon das angeführte Beispiel des Feuers abhalten sollen, welches doch klar zeigt, daß Thomas hier nicht von der vorbildlichen, sondern von der wirkenden Ursache redet. Ebenso willkürlich ist aber auch die Meinung Kleutgen's, Thomas behaupte nicht, daß der weisere Mensch die Ursache des andern minder weisen Menschen in dessen Wesenheit sei, sondern nur, daß er als derjenige, welcher eine höhere Stufe der Weisheit einnimmt, den andern in seiner geringeren Weisheit bedinge. Somit folge aus dem fraglichen Grundsatz keineswegs, daß der weiseste und beste Mensch Ursache der übrigen Menschen sei, sondern nur daß derselbe die Ursache aller Weisen und Guten, insofern sie solche sind, sein müsse.[2] Diese An-

---

1) *In Summam S. Thomae l. c.*
2) Kleutgen a. a. O. S. 843.

sicht ist willkürlich, da ja Thomas ausdrücklich von der *causa esse* redet, auch nicht das Feuer als die *causa caloris* für alles Warme, sondern als die *causa omnium calidorum* bezeichnet, endlich aber auch nicht gesagt werden kann, daß der, welcher einen höheren Grad der Weisheit einnimmt, den andern in seiner geringeren Weisheit bedinge, vielmehr das Gegentheil viel wahrer ist.

Doch Thomas bleibt in seiner denkenden Betrachtung der Welt nicht bei der allgemeinen und insofern noch abstracten Eigenschaft derselben als endlichen Seins stehen, sondern erhebt sich angesichts ihres Zusammenhanges, ihrer Ordnung und Harmonie zu dem Begriffe der Welt als eines plan- und zweckmäßigen Ganzen. Darum betritt er den Weg, auf dem schon Cicero *(de nat. deor. II. c. 37)*, nach Aristoteles (s. Zeller, a. a. O. S. 273 f.), und auch die Kirchenväter[1] Gottes Dasein mit großer Beredtsamkeit darthaten, indem er in seinem **fünften Argument** von der Zweckthätigkeit der Natur ausgeht. Wir sehen, sagt er, daß bewußtlose Wesen für einen bestimmten Zweck thätig sind. Wir erkennen dieß daraus, daß sie, wenn auch nicht immer, doch im Allgemeinen auf dieselbe Weise thätig sind, um durch ihr ganzes Dasein und Wirken gewissen Zwecken zu dienen. Hieraus erhellt, daß sie nicht zufällig, sondern mit einer bestimmten Richtung nach einem Ziele streben. Was aber kein Bewußtsein hat, strebt nicht nach einem Ziele, wenn es nicht von einem, der Bewußtsein und Erkenntniß hat, seine Richtung erhält, wie der Pfeil von dem, der ihn abschießt. Also gibt es ein selbstbewußtes Wesen, von welchem alle natürlichen Dinge auf ihr Ziel hingerichtet werden, ein mit der umfassendsten Weisheit und unerschöpflicher Macht begabtes Wesen, das die Welt von Anfang an geordnet und beherrscht hat, und diesen mit Weisheit schaffenden und bildenden Urgeist nennen wir Gott.

Gegen diesen Beweisgrund hat z. B. Hermes[2] eingewendet, derselbe würde nur dann Kraft haben, wenn die Vernunft zuvor genöthigt wäre anzunehmen, erstlich, daß die in der Welt herrschende Ordnung und Zweckmäßigkeit einmal hervorgebracht und nicht vielmehr immer gewesen sei, zweitens daß sie nur ein Werk der Absicht sein könne. Das erste aber setze schon einen anderen Beweis für das Dasein

---

1) Besonders Tertullian (*Adv. Marcion. lib. I, cap. XIII, XIV. lib. III, cap. XIV.*); Lactantius (*Inst. lib. I, cap. II.*), Augustin (*Confess. lib. IX, cap. VI. De civit. Dei lib. VIII, cap. VI.*), Johannes von Damascus (*Orthod. fid. lib. I, cap. III.*).

2) Philosophische Einleitung, § 64. S. 405.

Gottes voraus, und das zweite sei unerweisbar. Man führe dafür an, daß menschliche Kunstwerke nimmer von blind wirkenden Kräften hervorgebracht werden könnten; aber was die Natur nicht wirke, wo wir den Zweck setzen, das könne sie doch wohl gewirkt haben, wo sie ihre eigenen Zwecke verfolge, und nicht die eine oder die andere Kraft, sondern wer weiß wie viele Kräfte thätig seien. „Und, schließt er, was nöthigt uns auch anzunehmen, daß ihr das Werk gerade auf den ersten Wurf gelungen sei? Kann sie nicht der Productionen unzählig viele geliefert haben, die alle der Ordnung und Zweckmäßigkeit ermangelten, und darum keinen Bestand hatten, bis ihr endlich eine, und wer weiß nach wie vielen Verwandlungen erst gelungen, die dieses wohlgeordnete und zweckmäßige Ganze war und so den Grund der Fortdauer in sich mitbrachte?" Wir sind mit diesem Einwand auf die Einwendungen überhaupt geführt, die man gegen den kosmologischen und physikotheologischen Beweis erhoben hat. Es war bekanntlich **Kant**, der in seiner Kritik der reinen Vernunft jene Argumente einer eingehenden Prüfung unterzog. Er wollte darthun, daß die Vernunft auf dem einen Wege (dem empirischen) so wenig als auf dem andern (dem transcendentalen) etwas ausrichte, und daß sie vergeblich ihre Flügel ausspanne, um über die Sinnenwelt durch die bloße Macht der Speculation hinauszukommen. Man könne eben die Kategorie der Causalität, welche allein auf die Sinnenwelt passe, auf ein Gebiet jenseits derselben nicht ausdehnen. Er meinte, in dem kosmologischen Argumente kämen so viel vernünftelnde Grundsätze zusammen, daß die speculative Vernunft hier alle ihre dialektische Kunst aufgeboten zu haben scheine, um den größtmöglichen transcendentalen Schein zu Stande zu bringen; es liege in diesem Argument ein ganzes Nest dialektischer Anmaßung. Vom physikotheologischen Beweis hielt er, daß er jederzeit mit Achtung genannt zu werden verdiene. Er sei der älteste, klärste und der gemeinen Menschenvernunft am meisten angemessene. Er belebe das Studium der Natur, sowie er selbst von diesem sein Dasein habe und dadurch immer neue Kraft bekomme. Er bringe Zwecke und Absichten dahin, wo sie unsere Beobachtung nicht selbst entdeckt hätte, und erweitere unsere Naturkenntnisse durch den Leitfaden einer besonderen Einheit, deren Princip außer der Natur ist. Diese Kenntnisse wirkten aber wieder auf ihre Ursache, nämlich auf die veranlassende Idee, zurück und vermehrten den Glauben an einen höchsten Urheber bis zu einer unwiderstehlichen Ueberzeugung. Dennoch könne er die Ansprüche nicht billigen, welche diese Beweisart auf apodiktische Gewißheit und auf einen gar keiner Gunst oder fremden Unterstützung bedürftigen Beifall machen möchte, und es könne der guten Sache keineswegs schaden, die dogmatische Sprache eines hohnsprechenden Vernünftlers auf den Ton der Mäßigung und Bescheidenheit eines zur Beruhigung hinreichenden, obgleich eben nicht unbedingte Unterwerfung gebietenden Glaubens herabzustimmen. Er behaupte demnach, daß der physikotheologische Beweis das Dasein eines höchsten Wesens niemals allein darthun könne, sondern es jederzeit dem ontologischen (welchem er nur zur Introduction diene) überlassen müsse, diesen Mangel zu ergänzen. Das höchste Wesen bleibt nach Kant für den blos speculativen Gebrauch der Vernunft ein bloßes, aber doch fehlerfreies Ideal, ein Begriff, welcher die ganze menschliche Erkenntniß schließt und krönt, dessen objective Realität auf diesem Wege zwar nicht bewiesen, aber auch nicht widerlegt werden kann. In ähnlicher Weise hat Strauß[1] von dem kosmologischen Beweis behauptet, er beweise zwar ein nothwendiges Wesen, aber kein außerweltliches, sondern ein ewiges Grundwesen der Welt, und Trendelenburg[2] sagt in demselben Sinne, es treibe in dem kosmologischen Beweise nichts aus der Welt heraus zu einem unbedingten Wesen jenseits derselben; die Reihe der Ursachen und Wirkungen laufe im Sein fort und indem sie in sich zusammengeschlossen zu einem nothwendigen Ganzen würden, blieben sie doch in sich; daher sei der consequenteste Ausdruck der kosmologischen Weltansicht das System des Spinoza, in welchem die Substanz Ursache ihrer selbst und der Accidenzien sei. Selbst vom physikotheologischen Beweis hat man, wie wir oben gesehen, gesagt, daß er nicht stringent darthue, daß die zweckmäßige Zusammenordnung des Alls von einem extramundanen intelligenten Urheber herrühre. Es sei denkbar — und die Pantheisten Spinoza, Hegel hätten es sogar für allein denkbar gehalten — daß die allgemeine Substanz vermöge ihrer innern Natur sich gesetzmäßig entfalte und von Stufe zu Stufe fortschreitend zuletzt in Geisteswesen zum Bewußtsein ihrer selbst komme.

Diesen Einwendungen gegenüber fassen wir zunächst den kosmologischen Beweis und zwar in der Gestalt, in welcher er uns bei Thomas entgegentrat, ins Auge. Wir haben Thomas darin zu vertheidigen gesucht, daß wir zeigten, wie er trotz seiner Annahme der

---

1) Die christliche Glaubenslehre. Bd. 1. S. 382.
2) Logische Untersuchungen. Bd. 2. S. 344.

Möglichkeit einer anfangslosen Schöpfung einen ewigen Urgrund, ein nothwendiges Urwesen annehmen könne. Dennoch müssen wir zugeben, daß der kosmologische Beweis in der Form, in der er hier auftritt, nicht mit Nothwendigkeit auf einen extramundanen, persönlichen Gott führt. Könnte denn nicht jene letzte Ursache die Substanz Spinoza's sein? Dieser Beweis bringt zwar ein Absolutes zu unserm Bewußtsein, aber dieses Absolute kann die Welt selbst sein — er führt nicht hinaus über den Pankosmismus, über eine selbständige Naturwelt, über ein Ganzes, das, in sich und für sich Natur, im empfindenden Leben sich selbst gegenständlich wird und sich selbst genießt. Dennoch müssen wir dem kosmologischen Argumente eine ewige Wahrheit zuerkennen, wenn es anders richtig gefaßt wird. Es geht von der Welt aus; was ist diese aber anders als die Gesammtheit des endlichen Seins? Diese Gesammtheit zerfällt aber in zwei Reiche, und diese heißen Natur und Geist. Beide sind wesentlich von einander verschieden; die Natur, das Reich des unpersönlichen Daseins, kann den außer und über ihr stehenden Geist so wenig hervorbringen, als der Geist die Natur hervorgebracht hat. Was aber der Materialismus aller Zeiten von einer dem Stoffe immanenten Bildungskraft, die im blinden Instinkt Höheres hervorgebracht hätte als sie selbst ist, aufgestellt hat, ist ein wüster Traum, welchem nur die praktische Opposition gegen Gott und Geist Eingang verschafft hat. Dem Bemerkten zufolge muß der kosmologische Beweis nach unserer Ansicht, um zu einem überweltlichen persönlichen Welturheber zu gelangen, vor Allem die menschliche Persönlichkeit in Betracht ziehen, und so schließen: die Grundvoraussetzung unseres Personseins und persönlichen Selbstbewußtseins ist das Sein der göttlichen Persönlichkeit; falls wir uns nur als solche Persönlichkeiten wissen, muß auch Gott persönlich sein. Oder auch negativ: Wir könnten nicht Persönlichkeit besitzen und uns als solche wissen, wenn Gott nicht persönlich wäre; nun wissen wir uns aber als solche, also ist auch Gott persönlich. Mischet man also, dieß ist unser Resultat, in die Voraussetzungen, von denen der kosmologische Beweis ausgeht, nicht schon ethische Elemente, hat man dabei nicht im Sinne, daß auch die menschliche Persönlichkeit zur Welt gehört, sondern bleibt man bei dem Physischen oder bei dem stehen, was Gegenstand der unmittelbaren sinnlichen Gewißheit, empirisch seiner Art nach ist, so wird auch das als Resultat sich ergebende Absolute nur der Pankosmos, das Natursystem sein können, dessen höchste Spitze, wie

Chalybäus[1] bemerkt, das sich selbst genießende Leben, der sensualistische Eudämonismus als Selbstzweck ist.

Gehen wir nun zu dem physikotheologischen Argumente weiter, so müssen wir dieses als ein durch keine Kritik auflösbares bezeichnen. Es war Schelling,[2] der in Deutschland in einer Zeit, welche ein grenzenloser Idealismus nach Realität hungrig gemacht hatte, den großen Gedanken einer Naturphilosophie anschlug, welche in der Natur eine ebenso nothwendige Sphäre des Absoluten sah als im menschlichen Geiste realen Geist. Und hierin können wir dem logischen Pantheismus nur beistimmen: die Natur ist Idee in Form der Materialität. Also zwei Seiten sind es, welche die Natur enthält: einmal die Idee, welche ihr Wesen constituirt, sodann die Materie, welche ihre specifische Form bildet. Nun ist aber offenbar keine dieser beiden Seiten der productive Grund der anderen; weder die Idee der Grund der Materie, noch die Materie der Grund der Idee, denn beide sind total von einander verschieden. Wenn aber keine der Grund der andern zu sein vermag, auch keine als eine sich selbst setzende begriffen werden kann, so sind wir mit Nothwendigkeit auf einen außer beiden seienden Grund beider hingewiesen. Ist dieser Grund etwa der menschliche Geist? Dieß ist unmöglich, da für ihn die Natur ein Vorausgesetztes ist, und wenn er sich auch an diesem Vorausgesetzten setzend bethätigt, so kann er eben nur in relativer Weise eine setzende Macht genannt werden. Jener letzte Grund kann also nur eine über den menschlichen Geist und die Natur hinausliegende, nur eine überweltliche Macht sein. Und diese Macht muß nothwendig als eine intelligente gedacht werden, da die Materie, deren immanentes Wesen die Idee ausmacht, nur von einer Intelligenz hervorgebracht werden kann. Das Gedankensystem, das uns in den Gesetzen der Natur entgegentritt, kann also nur aus einer überweltlichen Intelligenz begriffen werden. Gegen diesen Uebergang hat man eingewendet: die objectiven Gedanken, wie sie uns in den Gesetzen der Natur vorliegen, nöthigten uns nur zu derjenigen Einheit, wovon diese die vielfache Besonderung seien, aufzusteigen; da aber diese Einheit keine andere als die Idee der Natur sein könne, die ja allein es sei, welche sich in der Vielheit der Gesetze ihre bestimmte Darstellung und Selbstbesonderung gebe, so

---

1) Chalybäus, Philosophie und Christenthum. S. 125.
2) Rosenkranz, Schelling. S. 40 ff.

scheine damit auch nur sie es zu sein, zu welcher von den Gesetzen
ein nothwendiger Uebergang stattfände. Dagegen müssen wir mit
Weißenborn[1] daran festhalten, daß es ein und dasselbe Gesetz der
Nothwendigkeit ist, was uns zwingt, gerade ebenso wieder über die
Idee der Natur zu einem höheren Princip fortzugehen, wie wir über
die Vielheit der Gesetze zu einem solchen fortgehen mußten. Denn
so gewiß wir die Gesetze der Natur für ein Gesetztes halten müssen,
so gewiß vermögen wir nicht die Idee der Natur als ein sich selbst
setzendes Sein zu begreifen. Denn die Idee der Natur ist wesentlich
eine bestimmte und begrenzte; insofern sie nämlich einerseits als Idee
die materielle Seite der Natur außer sich hat und also durch diese be-
grenzt wird, andererseits als Idee der Natur dem menschlichen Geiste
gegenübersteht und mithin auch an diesem ihre Grenze hat. Weil
aber die Natur diesen Charakter der Bestimmtheit und Begrenztheit
an sich trägt, so hat sie nothwendig ein Allgemeines über sich, aus
dem sie hervorgegangen sein muß, und dieß Princip der als Einheit ge-
setzten Idee der Natur kann nur das Absolute als überwesentliche
Intelligenz sein, nicht der menschliche Geist, der sich vielmehr nur
von Stufe zu Stufe der Natur erschließen kann und stets das Bewußtsein hat, daß seine Erkenntniß der Natur immer noch nur eine wer-
dende und von ihrem letzten Zielpunkt noch unendlich ferne ist.

Das Gesagte möge genügen, um die von Thomas aufgestellten Beweise vom Dasein Gottes in das rechte Licht zu setzen. Allein wir sind
damit noch nicht am Schluss unsres Abschnittes angelangt. Wir knüpfen
das noch zu Bemerkende an Bemerkungen Kuhn's[2] an. Er macht
gegen Thomas geltend, derselbe gehe darin zu weit, daß er das Moment
der Unmittelbarkeit des Gottesbewustseins so gut wie ganz
verkenne. Thomas räume zwar ein, daß eine ganz allgemeine und unbestimmte Vorstellung von Gott dem Geiste von Natur eingepflanzt sei,
insofern nämlich als Gott die Seligkeit des Menschen (sein Endziel) sei,
wornach jeder von Natur verlange. Allein diese unbestimmte Vorstellung sei nach ihm unzureichend, ja sie könne ebenso gut falsch sein,
und sei es wirklich, wenn die Vorstellung von dem höchsten Gut eine
falsche sei.[3] Deshalb erkenne Thomas in dem unmittelbaren oder an-

---

1) Weißenborn, Vorlesungen über Pantheismus und Theismus. S. 121.
2) Katholische Dogmatik. Bd. 1. Abth. 2. S. 663. 608. 609. 615.
3) *Summa th. P. I. qu. II, art. 1. Ad primum ergo dicendum, quod cognoscere Deum esse in aliquo communi sub quadam confusione est nobis naturaliter insertum, in quantum scilicet Deus est hominis beatitudo; homo enim naturaliter desiderat bea-*

gebornen Gottesbewustsein kein sicheres Fundament für die Erkenntniß Gottes und den Beweis seines Daseins. Er fasse den menschlichen Geist lediglich als Denk- und Erkenntnißvermögen, als blos formelles Organ der Wahrheit, in materieller Beziehung als *tabula rasa* und nehme sofort an, daß er durch denkende Betrachtung des endlich Wirklichen das absolut Wirkliche zu erkennen, von der Welt auf Gott in objectiv gültiger Weise zu schließen im Stande sei. Allein wenn der menschliche Geist die unmittelbarste und vollkommenste Offenbarung Gottes oder der Spiegel sei, in dem sich dessen Bild dem schauenden Auge (dem denkenden Geiste) unmittelbar darstelle: was könne dieses in dem vernünftigen Geiste sich darstellende Bild Gottes anders sein als die Idee Gottes, die ihm, sofern er in seiner creatürlichen Vollkommenheit vorhanden sei, sofort ins Bewußtsein trete und sein unmittelbares Wissen von Gott sei — ein Wissen von Gott, das ihm vor aller äußeren Erfahrung und allem reflectirenden Denken beiwohne und ihm als Leitstern bei seinem auf die Betrachtung der Außenwelt gerichteten Denken und Erkennen vorleuchte, ähnlich dem Sterne, der die Magier zur Krippe des Sohnes Gottes geleitet habe? Diese Gottesidee könne aber, da der menschliche Geist seinem Wesen nach Verstand und Wille, Vernunft und Gewissen sei, nicht etwa ausschließlich als intellectuelle Anschauung (theoretische Vernunftwahrnehmung), sondern müsse ebensowohl von der praktischen Seite her bestimmt werden.

Wir sind durch diese Bemerkungen Kuhn's zu einem nochmaligen Blick auf das ontologische Argument Anselm's veranlaßt. Die Polemik des Gaunilo und Thomas gegen dasselbe haben wir uns oben vor Augen geführt, bisher aber es unterlassen, auf den ewig wahren Kern desselben hinzuweisen. Dieß soll jetzt geschehen, damit aber die volle Wahrheit der soeben angeführten Sätze dargethan werden. Als jenen ewig wahren Kern des Anselm'schen Beweises müssen wir aber die Erkenntniß bezeichnen, daß im menschlichen Geiste ursprünglich sich die Idee Gottes vorfindet, der Gedanke vom Absoluten, der uns mit Nothwendigkeit beherrscht, und so würde sich der ontologische Beweis richtig so gestalten: der in unserem Geiste wirklich seiende Begriff von einem Absoluten kündigt sich in der Art an, daß

titudinem; et quod naturaliter desideratur ab homine, naturaliter cognoscitur ab eodem. Sed hoc non est simpliciter cognoscere Deum esse, sicut cognoscere venientem non est cognoscere Petrum, quamvis sit Petrus veniens; multi enim perfectum hominis bonum, quod est beatitudo, existimant divitias; quidam vero voluptates, quidam autem aliquid aliud.

wir diesen Gedanken nicht nach Willkür aus unserer Natur entfernen können, sondern er stellt sich stets als einen solchen hin, der nicht nicht sein kann. Was aber nicht nicht sein kann, ist nothwendig; was aber schlechthin nothwendig ist, ist absolut, nicht nur in der Macht des Gedankens, sondern auch im Sein. Es ist, wie Staudenmaier[1] sich ausdrückt, Wahrheit der eigenen geistigen Natur, daß sich der Gedanke des Absoluten im Begriffe des Höchsten in ihr ankündigt, und zwar als ein nothwendiger, nicht zu verdrängender Gedanke. Diese geistige Wahrheit müßte aber sich selbst vernichten, wenn dem Gedanken vom Absoluten nicht ein Sein entspräche. Denn Wahrheit ist nur, wo einem geistigen Gedanken oder Begriffe ein Sein entspricht. Ist es daher nicht wahr, daß der, welcher sich unserem Geiste als einen Absoluten ankündigt, zugleich ein Seiender ist, so ist nicht nur der Gedanke des Absoluten ein sich widersprechender Gedanke, sondern es gibt dann überhaupt keine Wahrheit, und am wenigsten eine höhere oder höchste, durch die alle übrige erst wahrhaft wahr ist. Daß dieß der Wahrheitsgehalt des ontologischen Beweises sei, hat weder Gaunilo noch Thomas erkannt. Statt dessen gibt sich Gaunilo zur Widerlegung Anselm's mit Halbheiten ab, z. B. mit jener schon angeführten Bemerkung, daß eine Insel, schöner und herrlicher wie keine andere, blos im Geiste gedacht, in der Wirklichkeit darum doch nicht existire; während doch die gemeinte Insel so wenig eine Thatsache des religiösen Bewußtseins ist als die bekannten 100 Thaler Kant's, der in derselben Täuschung befangen war. Und wie scharfsinnig auch der Einwurf des Thomas sein mag, der sich auf die pantheistische Verwechslung Gottes und der Welt bei einigen Philosophen gründet, der Einwurf vernichtet sich doch selbst gerade in dem Momente, in welchem er am meisten zu beweisen glaubt.

Denn analysiren wir nur einmal das Gottesbewußtsein der Heiden, welches uns Thomas vorhält. Er gesteht den Heiden ein Gottesbewußtsein zu, damit aber auch einen Gottesbegriff; nur sei der letztere nicht so beschaffen, daß in ihm ein höchstes Gut gesetzt sei, über welches hinaus es kein Höheres geben könne, weil sonst eine Verwechslung Gottes mit der Welt nicht möglich wäre. Aber eben damit wird zugestanden, was in Abrede gestellt werden soll. Denn es liegt in dem Begriffe des Verwechselns selbst, daß das, was mit

---

[1] Staudenmaier, Christliche Dogmatik. Bd. 2. S. 81.

einem Anderen nur verwechselt wird, dieses Andere selbst nicht sei, sondern ein Anderes als dieses. Der Begriff Gottes ist also für sich unabhängig von der Welt, und es ist nur der aus der Sünde gekommene Irrthum, der die Verwechslung vorgenommen. Aber wie neben der Welt und unabhängig von ihr, ist auch der Gottesbegriff neben dem Irrthum und unabhängig von ihm. Ist es daher der Irrthum, der den Begriff Gottes mit dem Begriff der Welt verwechselt hat, so sind Gottesbegriff und Weltbegriff nur irrthümlich mit einander verwechselt worden, welche Verwechslung von der Vernunft erkannt und als unwahr gerichtet wird. Unmittelbar dadurch ist es aber gegeben, daß der Begriff Gottes abgesondert von der Welt im menschlichen Geiste liegt, nur daß er irrthümlich auf die Welt übertragen worden ist. Aber noch mehr. In demselben Augenblick, in welchem der Mensch die Welt für Gott hält, setzt er die Welt nicht als das, was sie ist, als Welt. So wie nämlich der Mensch im gewöhnlichen Zustande oder so zu sagen mit gewöhnlichen Augen die Welt ansieht, schreibt er ihr nie göttliche Prädicate, nie göttliches Wesen zu. Ist aber sein Denken ein religiöses Denken und vollzieht er den inneren Gottesbegriff so, daß er irrthümlich denselben auf die Endlichkeit überträgt, so geschieht dieß stets in der Art, daß er einerseits der Endlichkeit Prädicate verleiht, von denen er andererseits weiß, daß sie ihr nicht zukommen. In jedem Falle aber gibt er, geschehe es mit mehr oder weniger Bewußtsein, der Endlichkeit jene Prädicate, die sie selbst nicht hat, aus sich, aus seinem Inneren. So ist also gerade das religiöse Bewußtsein des Heidentumms, welches Thomas gegen das ontologische Argument geltend macht, im Processe seiner Selbstvermittlung der schlagendste Beweis für das in seiner ewigen Wahrheit gefaßte und erfaßte ontologische Argument. Daß Thomas dieß nicht erkannt hat, müssen wir als einen entschiedenen Mangel seiner Entwicklung der Gottesbeweise ansehen; vielleicht dürfen wir in jener von uns als mangelhaft und undurchführbar erkannten Unterscheidung zwischen dem *per se notum secundum se et non quoad nos* und dem *per se notum secundum se et quoad nos* ein Gefühl dieses Mangels erkennen. Wenn wir einen Grund für diesen Mangel anzugeben versuchen sollen, so können wir ihn nur darin finden, daß Thomas den ontologischen Beweis für eine Demonstration *a priori* hielt, gegen welche er sich *Summa th. P. I, qu. II art. II* entschieden ausspricht.[1] Unter

---

1) *Respondeo dicendum, quod duplex est demonstratio. Una, quae est per causam et dicitur propter quid; et haec est per priora simpliciter. Alia est per*

dem Beweise *a priori* wird in diesem Fall derjenige verstanden, der
das Dasein Gottes aus einem höhern Princip, als Gott selbst ist, beweisen will, oder dasjenige, wovon er als den Prämissen ausgeht, in
die Würde eines solchen Princips einsetzt. Thomas aber ist der Ueberzeugung, daß der rechte Weg des Schließens nur der von der Wirkung auf die Ursache sei. Dieser Ueberzeugung ist aber auch der
ontologische Beweis, der weit entfernt, in jenem Sinne *a priori* zu
schließen, nur an einer inneren Offenbarung d. h. an einer Offenbarung im Geiste, als an einem wirklichen Factum ebenso und
mehr noch festhält, wie an einer Offenbarung in der Natur, die ohne-
hin ohne die innere Offenbarung nicht einmal verstanden wird. Mit
dem zuletzt Gesagten wollen wir aber keineswegs den kosmologischen
und physikotheologischen Beweis zu Cirkelbeweisen degradiren. In
einer gewissen Beziehung werden wir allerdings einen Cirkel zugeben
müssen. Denn gleichwie die Idee Gottes durch ihre innere Kraft die
Vernunft antreibt, durch das Bedingte hindurch zum Unbedingten
aufzusteigen, ebenso streben die durch diese Idee veranlassten, von
der Vernunft aber entfalteten Argumente wieder dahin, die Idee der
Gottheit selbst als Resultat zu erhalten. Dieser Cirkel ist aber kein
philosophisch unstatthafter; denn die Vernunft geht bei jenen Argumenten ungehindert ihre Bahn, obschon die Idee sich selbst in ihnen
zum Resultate erhält. Denn der ganze Process besteht nicht darin,
daß die im menschlichen Geiste seiende Idee durch einen Cirkel oder
durch einen Sprung sich als objective Idee constituirt, sondern daß
dieselbe Gottheit, die im menschlichen Geiste sich manifestirt, als
auch in der Natur sich manifestirend nachgewiesen wird.

Nachdem wir somit die Beweise, die Thomas für das Dasein Gottes
aufstellt, in ihrer Bedeutung gewürdigt und die Mängel seiner Entwicklung aufgedeckt haben, gehen wir zu seiner Lehre von der Erkennbarkeit Gottes über.

---

*effectum, et dicitur demonstratio quia: et haec est per ea, quae sunt priora
quoad nos. Cum enim effectus aliquis nobis est manifestior, quam sua causa, per
effectum procedimus ad cognitionem causae. Ex quolibet autem effectu potest demonstrari propriam causam ejus esse, si tamen ejus effectus sint magis noti quoad nos;
quia, cum effectus dependeant a causa, posito effectu necesse est causam praeexistere.
Unde Deum esse secundum quod non est per se notum, quoad nos demonstrabile est
per effectus nobis notos.*

2. Abtheilung.
Von der Erkennbarkeit Gottes.[1]

Ist Gott dem endlichen Geiste erkennbar? Dieß ist die Frage, deren Beantwortung durch Thomas wir nunmehr darzulegen haben.

Thomas unterscheidet eine dreifache Erkenntniß Gottes: eine schauende oder intuitive Erkenntniß Gottes *(visio intuitiva)*; eine Erkenntniß Gottes durch den Glauben *(cognitio per fidem)*, und endlich eine Erkenntniß Gottes durch die natürliche Vernunft *(cognitio per rationem naturalem)*.

Was zunächst die **schauende** oder **intuitive** Erkenntniß Gottes betrifft, so ist sie vermöge ihres Begriffes so beschaffen, daß sie unmittelbar und direct auf die göttliche Wesenheit als auf ihren Gegenstand geht. Deshalb ist die Frage, ob es etwas Vermittelndes gebe, wodurch das Wesen Gottes geschaut wird,[2] entschieden zu verneinen. Es ist nämlich in dieser Beziehung das Vermögen des Sehens von dem Objecte des Sehens, sofern es im Acte des Sehens mit dem Sehenden eins wird, zu unterscheiden. Als Urheber der intellectiven Kraft kann Gott vom Intellect gesehen werden. Da nun aber die intellective Kraft der Creatur nicht das Wesen Gottes ist, so kann sie nur etwas Aehnliches sein, wodurch der endliche Verstand am höchsten Verstande theilnimmt, und man kann daher sagen, daß die intellective Kraft der Creatur ein gleichsam vom höchsten Licht abgeleitetes intelligibles ist. In dieser Hinsicht muß also der erkennende Verstand als das Vermögen, Gott zu schauen, eine gewisse Aehnlichkeit mit Gott haben. In Ansehung des Objectes des Sehens aber, sofern es mit dem sehenden Subjecte eins werden muß, kann das Wesen Gottes durch nichts Aehnliches gesehen werden, weil das unendliche Wesen Gottes in einem durchaus inadäquaten Verhältniß zu jeder endlichen oder geschaffenen Form steht. Kann somit die schauende Erkenntniß Gottes durch kein von geschöpflichen Dingen entnommenes Gedankenbild vermittelt sein, so muß in ihr die göttliche Wesenheit zugleich der Erkenntnißgegenstand und die intelligible Species, durch welche sie erkannt wird, bilden, weshalb sie

---

1) Zu dem Folgenden vergleiche man A. Gratry, Ueber die Erkenntniß Gottes. Bd. 1. S. 219—256.
2) *Summa th. P. I, qu. XII, art. II: Utrum essentia Dei ab intellectu nostro per aliquam similitudinem videatur.*

auch *visio per essentiam* heißt.[1] Verhält es sich aber also, dann ist ein geschöpfliches Wesen aus eigener natürlicher Kraft nicht befähigt, zu einer solchen intuitiven Erkenntniß Gottes sich zu erheben.[2] Denn da das Erkannte in dem Erkennenden stets nach der Art und Weise desselben ist, so richtet sich die Erkenntniß jeglichen Wesens stets nach der Beschaffenheit seiner Natur. Es kommt daher darauf an, ob das Object der Erkenntniß nach der Beschaffenheit seiner Natur nicht über die Natur des erkennenden Subjects hinausgeht. Nun ist aber das Sein der Dinge verschiedener Art. Es gibt Dinge, die ihrer Natur nach nur in der individuell bestimmten Materie existiren können, wie alles Körperliche. Andere sind nicht materiell existirende Naturen, die aber nicht das Sein selbst sind, sondern nur das Sein haben, wie die Engel als unkörperliche Substanzen. Nur Gott subsistirt in seinem eigenen Sein. Die materiellen Dinge zu erkennen ist unserer Natur gemäß, da die Seele, durch die wir sie erkennen, die Form einer Materie ist; ihr Erkenntnißvermögen theilt sich aber in den durch körperliche Organe thätigen Sinn, durch welchen es nur Einzelnes und Materielles erkennt, und in den Verstand, durch welchen es vom Materiellen abstrahiren und sich zur Betrachtung des Allgemeinen erheben kann. Der Natur des engelischen Verstandes ist es gemäß, rein immaterielle Dinge zu erkennen; dieß geht über das Vermögen der menschlichen Seele, solange sie

---

1) Ebend. *Respondeo dicendum, quod ad visionem tam sensibilem quam intellectualem duo requiruntur, scilicet virtus visivae et unio rei visae cum visu. Non enim fit visio in actu, nisi per hoc, quod res visa quodammodo est in vidente. Et in rebus quidem corporalibus apparet, quod res visa non potest esse in vidente per suam essentiam, sed solum per suam similitudinem; sicut similitudo lapidis est in oculo, per quam fit visio in actu, non autem ipsa substantia lapidis. Si autem esset una et eadem res, quae esset principium visivae virtutis, et quae esset res visa, oporteret videntem ab alia re et virtutem visivam habere et formam, per quam videret. Manifestum est autem, quod Deus et est auctor intellectivae virtutis, et ab intellectu videri potest. Et cum ipsa intellectiva virtus creaturae non sit Dei essentia, relinquitur quod sit aliqua participativa similitudo ipsius, qui est primus intellectus. Unde et virtus intellectualis creaturae lumen quoddam intelligibile dicitur, quasi a prima luce derivatum, sive hoc intelligatur de virtute naturali sive de aliqua perfectione superaddita gratiae vel gloriae. Requiritur ergo ad videndum Deum aliqua similitudo ex parte visivae potentiae, qua scilicet intellectus fit efficax ad videndum Deum. Sed ex parte visae rei, quam necesse est aliquo modo uniri videnti, per nullam similitudinem creatam Dei essentia videri potest.*

2) Ebend. art. X: *Ipsam naturam Dei, prout in se est, neque catholicus neque paganus cognoscit.*

mit einem Körper verbunden ist, hinaus. Das an sich seiende Sein aber zu erkennen kommt nur dem göttlichen Verstande zu und übersteigt das natürliche Vermögen jedes endlichen Verstandes; daher sind die geschaffenen Wesen von Natur auf keine Weise befähigt, Gott zu schauen.[1] Soll also dem Menschen eine intuitive oder essentielle Erkenntniß Gottes zu Theil werden, so kann solches nur auf übernatürlichem Wege geschehen. Gott muß durch seine Gnade sich mit dem Verstande verbinden und sich selbst zum Object der Erkenntniß machen. Die Möglichkeit hierzu liegt in der Beschaffenheit des Verstandes, insofern er das, was er concret erkennt, auch abstract auffassen und durch Trennung der Form von der Materie die reine Form erkennen kann. Soll aber der endliche Verstand, für den es auf diese Weise an sich möglich ist, wirklich zu etwas, was über seine Natur hinausgeht, erhoben werden, so kann dieß nur durch eine übernatürliche Disposition geschehen. Das Wesen Gottes wird so zu einer intelligiblen Form des Verstandes, indem durch die göttliche Gnade eine Erhöhung der intelligiblen Kraft, eine Erleuchtung des Verstandes, ein intelligibles Licht hinzukommt.[2] Nach dem

---

1) Ebend. *art. IV: Dicendum quod impossibile est, quod aliquis intellectus creatus per sua naturalia essentiam Dei videat. Cognitio enim contingit, secundum quod cognitum est in cognoscente. Cognitum autem est in cognoscente secundum modum cognoscentis. Unde cujuslibet cognoscentis cognitio est secundum modum suae naturae. Si igitur modus essendi alicujus rei cognitae excedat modum naturae cognoscentis, oportet quod cognitio illius rei sit supra naturam illius cognoscentis. Est autem multiplex modus essendi rerum. Quaedam enim sunt, quorum natura non habet esse nisi in hac materia individuali: et hujusmodi sunt omnia corporalia. Quaedam vero sunt, quorum naturae sunt per se subsistentes, non in materia aliqua, quae tamen non sunt suum esse, sed sunt esse habentes. Et hujusmodi sunt substantiae incorporeae, quas angelos dicimus. Solius autem Dei proprius modus essendi est, ut sit suum esse subsistens. Ea igitur, quae non habent esse nisi in materia individuali, cognoscere est nobis connaturale, eo quod anima nostra, per quam cognoscimus, est forma alicujus materiae. Intellectui autem angelico connaturale est, cognoscere naturas non in materia existentes; quod est supra naturalem facultatem intellectus animae secundum statum praesentis vitae, quo corpori unitur. Relinquitur ergo, quod cognoscere ipsum esse subsintens sit connaturale soli intellectui divino, et quod sit supra facultatem naturalem cujuslibet intellectus creati: quia nulla creatura est suum esse, sed habet esse participatum. Non igitur potest intellectus creatus Deum per essentiam videre, nisi in quantum Deus per suam gratiam se intellectui creato conjungit ut intelligibilem ab ipso.*

2) Ebend. *art. V: Dicendum, quod omne quod elevatur ad aliquid, quod excedit suam naturam, oportet quid disponatur aliqua dispositione, quae sit supra suam naturam; sicut si aër debeat accipere formam ignis, oportet quod disponatur aliqua dispositione ad talem formam. Cum autem aliquis intellectus creatus videt Deum per essen-*

Maße der Ertheilung dieses Lichtes findet eine höhere oder niedere Vollkommenheit statt.¹ Derjenige aber wird in dem *lumen gloriae, quod intellectum in quadam deiformitate constituit*, mehr erhalten, der mehr Liebe besitzt; denn wo größere Liebe, da ist größeres Verlangen, und das Verlangen macht gewissermaßen den Verlangenden geschickter zur Aufnahme des Verlangten. Mit dem Bisherigen ist schon ausgesprochen, daß die intuitive Erkenntniß Gottes in ihrer Uebernatürlichkeit nicht für dieses gegenwärtige Leben sich eignet, daß sie uns vielmehr für das jenseitige Leben vorbehalten ist.² Doch

---

tiam, ipsa essentia Dei fit forma intelligibilis intellectus. Unde oportet, quod aliqua dispositio supernaturalis ei superaddatur ad hoc, quod elevetur in tantam sublimitatem. Cum igitur virtus naturalis intellectus creati non sufficiat ad Dei essentiam videndam, oportet quod ex divina gratia superaccrescat ei virtus intelligendi. Et hoc augmentum virtutis intellectivae illuminationem intellectus vocamus, sicut et ipsum intelligibile vocatur lumen vel lux. — Es sei hier der Widerspruch erwähnt, welchen Duns Scotus (*Sent. I. dist. III, qu. III*) gegen die angeführte Behauptung des Thomas erhob, daß das erste Object unseres Verstandes das Materielle sei, und daß, da das Vermögen des erkennenden Subjects in dem adäquaten Verhältniß zu dem Object der Erkenntniß stehen müsse, rein immaterielle Objecte von dem endlichen Verstande im gegenwärtigen Leben nicht erkannt werden können. Duns Scotus wendete dagegen ein, daß wenn unser Verstand im Zustand der Seligkeit die Wesenheit der immateriellen Substanz erkennen werde, ihm dieß auch schon jetzt möglich sein müsse, da sein Vermögen an sich dasselbe bleibe, und seine Thätigkeit sich auf kein Object erstrecken könne, das unter dem ersten oder eigentlichen Objecte seiner Erkenntniß gar nicht begriffen sei. Sage man, seine Kraft werde durch das Licht der Glorie so erhöht werden, daß er die immateriellen Substanzen zu erkennen vermöge, so setze doch auch eine solche Erhöhung das ihr entsprechende natürliche Vermögen voraus (*omnis habitus naturaliter praesupponit potentiam*). Der Streit beider Schulen *de cognitione Dei quidditativa* wurde später dahin entschieden, daß der Mensch zwar eine *cognitio quidditatis Dei*, nicht aber eine *cognitio quidditativa* habe, d. h. daß er wohl das Wesen Gottes (gegenüber einer blos zufälligen und oberflächlichen Notiz) erkenne, nicht aber Gott in der Art durch und durch erkenne, daß ihm nichts mehr von seinem Wesen verborgen bleibe. Dieß drückt Cajetan (*Summa P. I, qu. XII; de arte et essentia cap, VI, qu. IV.*) so aus: *Aliud est cognoscere quidditatem sive cognitio quidditatis, aliud est cognitio quidditativa sive cognoscere quidditative. Cognoscit nempe leonis quidditatem, quicunque novit aliquid ejus praedicatum essentiale. Cognoscit autem quidditative nonnisi ille, qui omnia praedicata quidditativa usque ad ultimam differentiam novit.*

1) Ebend. art. VI: *Quod quidem non erit per aliquam Dei similitudinem perfectiorem in uno quam in alio, cum illa visio non sit futura per aliquam similitudinem; sed hoc erit per hoc; quod intellectus unius habebit majorem virtutem seu facultatem ad videndum Dei quam alterius.*

2) Ebend. art. XI: *Respondeo dicendum, quod ab homine puro Deus videri per essentiam non potest, nisi ab hac vita mortali separetur.*

gibt Thomas zu, daß durch außerordentliche göttliche Gnadenwirkung der menschliche Geist schon hienieden auf Augenblicke zu jener Anschauung Gottes erhoben werden kann.¹ Uebrigens ist es auch auf diesem Wege nicht möglich, daß Gott vollkommen erkannt oder begriffen werde. Denn da Gott in seiner Unendlichkeit ein unendliches Object der Erkenntniß ist, so kann kein Verstand ihn auf unendliche Weise erkennen, und es hat eben deswegen auch die Mittheilung eines höheren intelligiblen Lichtes ihre bestimmte Grenze. Gott kann von einem endlichen Verstande nicht begriffen werden, weil das Unendliche nicht in das Endliche eingeschlossen werden kann.² Für das gegenwärtige Leben kommt aber noch besonders in Betracht, daß die Seele, solange sie an den materiellen Körper gebunden ist, auch nur durch die Vermittlung materieller Formen erkennen kann.³

Sonach scheint das Wesen Gottes für den Menschen in diesem Leben schlechthin unerkennbar zu sein. Dagegen beruft sich Thomas auf die Bestimmung desselben zur Seligkeit. Da die höchste Seligkeit des Menschen in seiner höchsten Thätigkeit, welche die Thätigkeit des Verstandes ist, besteht, so müßte, wenn der geschaffene Verstand das Wesen Gottes nicht erkennen könnte, entweder der Mensch nie die Seligkeit erlangen, oder seine Seligkeit in etwas anderem bestehen als in Gott. Das Letztere würde mit dem Glauben streiten. Denn die höchste Vollkommenheit jeder Creatur ist Gott als das Princip ihres Seins, und jedes Wesen ist in dem Grade vollkommen, in welchem es sein Princip erreicht. Aber auch gegen die Vernunft wäre jene Annahme. Denn der Mensch hat das natürliche Verlangen, aus der Betrachtung der Welt die Ursachen zu erkennen, und es würde daher stets ein ungestilltes Verlangen in der Natur

---

1) Ebend. *Ad secundum dicendum, quod sicut Deus miraculose aliquid supernaturaliter in rebus corporeis operatur, ita etiam supernaturaliter et praeter communem ordinem mentes aliquorum in hac carne viventium sed non sensibus carnis utentium usque ad visionem suae essentiae elevabit.*

2) Ebend. art. *VII: Cum sit infinitus, nullo modo includi potest, ut aliquid finitum cum infinite capiat, sicut ipse infinitus est. Qui videt Deum per essentiam, videt hoc in eo, quod infinite existit et infinite cognoscibilis est; et hic infinitus modus non competit ei, ut scilicet ipse infinite cognoscat.*

3) Ebend. art. *XI: Anima nostra, quamdiu in hac vita sumus, habet esse in materiali corpore; unde naturaliter non cognoscit aliqua, nisi quae habent formam in materia, vel quae per hujusmodi cognosci possunt. Manifestum est autem, quod per naturas rerum materialium divina essentia cognosci non potest.*

des Menschen zurückbleiben, wenn der Verstand der vernünftigen Creatur sich nicht zur ersten Ursache der Dinge erheben könnte.[1] Es muß daher dem Menschen eine Erkenntniß Gottes auf diesem Wege möglich sein, und dieß ist die **natürliche,** durch die natürliche Vernunft auf Grund der Offenbarung Gottes in der Natur gewonnene Erkenntniß des göttlichen Wesens, *cognitio per rationem naturalem.*

So entschieden also Thomas auf der einen Seite festhält, daß zwischen Gott und dem geschaffenen Verstande ein unendlicher Abstand ist, so entschieden behauptet er auf der anderen Seite, daß aus dieser Erhabenheit Gottes über alles Existirende keineswegs folge, daß Gott schlechthin nicht erkannt, sondern nur daß er nicht begriffen werden könne.[2] Denn wenn auch, sagt er, ein endlicher Verstand und ein unendliches Object in keinem qualitativ adäquaten Verhältniß zu einander stehen, so findet doch die Proportion statt, daß sich die Creatur zu Gott wie die Wirkung zur Ursache, wie die Potenz zum Actus verhält.[3] Weil nun aber die Wirkungen von der Ursache bestimmt, eine Offenbarung derselben sind, so erkennen wir aus ihnen, daß Gott ist und was ihm als der über seine Wirkungen erhabenen Ursache wesentlich ist. Wir erkennen also Gott vermöge

---

1) Ebend. *art. I: Cum altissima hominis beatitudo in altissima ejus operatione consistat, quae est operatio intellectus; si nunquam essentiam Dei videre potest intellectus creatus, vel nunquam beatitudinem obtinebit, vel in alio ejus beatitudo consistit quam in Deo; quod est alienum a fide. In ipso enim est ultima perfectio rationalis creaturae, quod est ei principium essendi; in tantum enim unumquodque perfectum est, in quantum ad suum principium attingit. Similiter est etiam praeter rationem. Inest enim homini naturali desiderium cognoscendi causam, cum intuetur effectum; et ex hoc admiratio in hominibus consurgit. Si igitur intellectus rationalis creaturae pertingere non possit ad primam causam rerum, remanebit inane desiderium naturae.* Vgl. *Contra gent. lib. I, cap. XXV: Naturaliter inest omnibus hominibus desiderium cognoscendi causas. Nec sistit inquisitio, quousque perveniatur ad primam causam, et tunc perfecte nos scire arbitramur, quando primam causam cognoscimus. Desiderat igitur homo naturaliter cognoscere primam causam quasi ultimum finem. Prima autem omnium causa Deus est. Est igitur ultimus finis hominis cognoscere Deum.*

2) Ebend.: *Dicendum quod Deus non sic dicitur non existens, quasi nullo modo sit existens, sed quia est supra omne existens, in quantum est suum esse. Unde ex hoc non sequitur, quod nullo modo possit cognosci, sed quod omnem cognitionem excedat; quod est ipsum non comprehendi.*

3) Ebend.: *Potest esse proportio creaturae ad Deum, in quantum se habet ad ipsum ut effectus ad causam et ut potentia ad actum; et secundum hoc intellectus creatus proportionatus esse potest ad cognoscendum Deum.*

dieser natürlichen Erkenntniß nicht so, wie wir die uns umgebende Welt erkennen, d. h. auf Grund sinnlicher Anschauung oder unmittelbarer Wahrnehmung, sondern nun mittelbar auf Grund des Endlichen, auf Grund der in der Schöpfung gegebenen objectiven Manifestation Gottes durch denkende Betrachtung derselben, *per ratiocinium*.[1] Es ist dieser methodische Grundsatz der aristotelische, daß das πρότερον oder γνωριμώτερον φύσει von uns aus dem γνωριμώτερον oder πρότερον πρὸς ἡμᾶς zu erkennen sei. Jedenfalls aber ist es der größte Mißverstand, wenn man sagt, die Vernunft sei von den Scholastikern und also auch von Thomas ursprünglich als ein bloßes Vermögen gefaßt worden, und werde von ihnen einer unbeschriebenen Tafel verglichen; der aber, der diese Tafel beschreibe, sei die sinnliche Wahrnehmung; durch sie solle erst die Vernunft ihre Begriffe erhalten; so sei also das höhere Erkenntnißvermögen unthätig und unbestimmt, bis es durch die Thätigkeit des niederen Inhalt und Form empfange: ein bloßer Behälter oder Sammelplatz sinnlicher Kenntnisse. Denn freilich ist die Vernunft, weil sie sich ihre Erkenntnisse erwerben muß, ursprünglich ohne dieselben nach den Scholastikern, und ist also demzufolge ursprünglich einer unbeschriebenen Tafel ähnlich; aber sie selbst ist es, und nicht die Sinnlichkeit, welche die Tafel beschreibt. Von der Lehre der Stoiker, welche die anfänglich leere Seele sich durch die Wahrnehmungen mit Bildern und gleichsam mit Schriftzeichen (*Plutarch. plac. ph. IV, 11:* ὥσπερ χαρτίον ἐνεργὸν εἰς ἀπογραφήν) erfüllen läßt, weiß die Scholastik nichts. Dieß wäre jener einseitige Empirismus, der den angeschauten Gegenstand allein als urproductiv betrachtet und das Schauen selbst von den Gegenständen producirt werden läßt, nach dem bekannten Satze: *Nihil est in intellectu quod prius non fuerit in sensu,* wogegen Leibnitz mit Recht erinnerte: *nisi intellectus ipse.*

Mit dieser seiner Erkenntnißtheorie, über welche man das Nähere bei Stöckl[2] vergleichen kann, tritt Thomas in ausgesprochenen Gegensatz zu der Behauptung, das absolute oder göttliche Sein sei der

---

1) Ebend. art. XIII: *Cognitio enim quam per naturalem rationem habemus, duo requirit, scilicet phantasmata ex sensibilus accepta, et lumen naturale intelligibile, cujus virtute intelligibiles conceptiones ab eis abstrahimus.*

2) Albert Stöckl, Geschichte der Philosophie des Mittelalters. Bd. 2. S. 448—491. Vgl. auch Joseph Kleutgen, Die Philosophie der Vorzeit. Bd. 1. S. 25—100. 606—642.

nächste Gegenstand der Vernunft; es werde also zuerst und durch sich erkannt, und nur im Lichte dieser Erkenntniß sei eine intellectuelle Auffassung des endlichen Seins uns möglich.[1] Freilich hat man in verschiedenen Aeußerungen des Thomas die Annahme eines bloß aposteriorischen Erkennens Gottes durch die natürliche Vernunft aufgehoben finden wollen zu Gunsten einer **unmittelbaren Anschauung** des göttlichen Wesens. Wenn nämlich Thomas das Theilnehmen der nach dem Bilde der ewigen Vernunft geschaffenen menschlichen Vernunft an der göttlichen beschreibt, so gebraucht er gewöhnlich zur Erläuterung desselben das Bild des Lichtes. Da ist ihm Gott die intelligible Sonne, welche uns innerlich erleuchtet, und das natürliche Licht unserer Vernunft ist nichts anderes als jene Erleuchtung, welche von Gott ausgeht, um unsere intellectuelle Erkenntniß zu ermöglichen.[2] Wie daher das Auge Alles im Lichte der Sonne sehe, ohne jedoch zu diesem Behufe den Blick auf die Sonne selbst richten zu müssen, so erkennen wir auch alle ideale Wahrheit in dem Lichte, welches Gott ist, ohne deshalb schon das Wesen Gottes zu schauen.[3] Wegen dieser bei Thomas häufig wiederkehrenden Aeusserungen ist der allerdings nahe liegende Gedanke hervorgetreten, daß Thomas trotz seiner Annahme eines rein aposteriorischen Erkennens ein **unmittelbares Einstrahlen des göttlichen Lichtes in den Verstand** annehme, welches zwar keine unmittelbare Anschauung des göttlichen Wesens als solchen

---

1) *Summa th. P. I, qu. LXXXVIII, art. III: Cum intellectus humanus secundum statum praesentis vitae non possit intelligere substantias immateriales creatas, multo minus potest intelligere essentiam substantiae increatae. Unde simpliciter dicendum est, quod Deus non est primum, quod a nobis cognoscitur; sed magis per creaturas in Dei cognitionem pervenimus, secundum illud Apostoli ad Rom. 1, 20: Invisibilia Dei per ea, quae facta sunt, intellecta conspiciuntur. Primum autem, quod intelligitur a nobis secundum statum praesentis vitae, est quidditas rei materialis, quae est nostri intellectus objectum, ut multitoties dictum est.*

2) *Summa th. P. II, 1, qu. CIX, art. I, ad 2: Sol corporalis illustrat exterius; sed sol intelligibilis, qui est Deus, illustrat interius; unde ipsum lumen naturale animae inditum est illustratio Dei, qua illustramur ab ipso ad cognoscendum ea quae pertinent ad naturalem cognitionem.*

3) *Summa th. P. I, qu. XII, art. XI, ad 3: Omnia dicimur in Deo videre, et secundum ipsum de omnibus judicare, in quantum per participationem sui luminis omnia cognoscimus et dijudicamus .... sicut etiam omnia sensibilia dicimur videre et judicare in sole, idest per lumen solis. Sicut igitur ad videndum aliquid sensibiliter non est necesse quod videatur substantia solis; ita ad videndum aliquid intelligibiliter non est necessarium, quod videatur essentia Dei.*

von Seiten der Vernunft bedinge, aber doch einen „unmittelbaren Contact" der erkennenden Vernunft mit Gott in sich schliesse, und daß in Folge dessen die menschliche Vernunft nur durch dieses unmittelbare Einstrahlen des göttlichen Lichtes in dieselbe erkenntnißfähig sei.[1] Allein Thomas erklärt sich über das von ihm gebrauchte Bild von der Erleuchtung der Vernunft durch das göttliche Licht in einer Weise, welche allen Zweifel darüber ausschließt, daß der Gedanke, welcher diesem Bilde zu Grunde liegt, kein anderer sei als der Begriff der *participata similitudo*. Alles, sagt Thomas, sehen wir in Gott, und über Alles urtheilen wir nach dem göttlichen Lichte, insofern wir durch Theilnahme an seinem Lichte Alles erkennen und beurtheilen; denn es ist ja das natürliche Licht unserer Vernunft nichts anderes, als eine Theilnahme an dem göttlichen Lichte.[2] Und wiederum bemerkt er: Im Lichte der ersten Wahrheit erkennen wir Alles, insofern das natürliche Licht unserer Vernunft nichts anderes ist, als eine *impressio veritatis aeternae*;[3] und insofern die ersten und obersten Principien, nach welchen wir alles beurtheilen, und durch welche alle anderweitige Erkenntniß bedingt ist, in der ersten und höchsten Wahrheit ihren objectiven Grund haben, und als ein Abbild jener höchsten und unveränderlichen Wahrheit in uns betrachtet werden müssen.[4]

Betrachten wir nun den Proceß, in welchem der denkende Geist von dem Schauspiele der Geschöpfe zu Gott als dem Schöpfer aufsteigt, etwas näher, so hat er einen zweifachen *modus*, den *modus excellentiae* und den *modus remotionis*.[5] Da nämlich der Ge-

---

1) Gratry, Logik. Bd. 1. S. 30 ff.
2) *Summa th. P. I, qu. XII, art. XI, ad 3: Omnia dicimur in Deo videre et secundum ipsum de omnibus judicare, in quantum per participationem sui luminis omnia cognoscimus et judicamus. Nam et ipsum lumen naturale rationis participatio quaedam est divini luminis.*
3) Ebend. *qu. LXXXVIII, art. III, ad 1: In luce primae veritatis omnia intelligimus, in quantum ipsum lumen intellectus nostri, sive naturale, sive gratuitum, nihil aliud est, quam quaedam impressio veritatis aeternae.*
4) Ebend. *qu. LXXXIV, art. V: Ipsum lumen intellectuale, quod est in nobis, nihil est aliud quam quaedam participata similitudo luminis increati, in quo continentur rationes aeternae.*
5) Ebend. *qu. XIII, art. I: Deus non potest videri per suam essentiam, sed cognoscitur a nobis ex creaturis secundum habitudinem principii et per modum excellentiae et remotionis.*

danke Gottes alle unsere Begriffe übersteigt, so müssen wir uns des
verneinenden Weges bedienen, um ihn auszudrücken; je mehr wir von
Gott verneinen können, desto näher kommen wir einer Kenntniß desselben, wie wir ja überhaupt ein jedes Ding um so vollkommener erkennen, je mehr wir uns seiner Unterschiedenheit von anderen bewußt werden. Deshalb reihen wir auch die Dinge, deren Definitionen
wir kennen, zuerst in ein Genus ein, wodurch wir im Allgemeinen
wissen, was es ist; sodann fügen wir die Differenzen hinzu, durch
die es sich von anderen Dingen unterscheidet, und erst so wird unsere
Kenntniß des Wesens eines Dinges vollständig. Aber weil wir bei
Betrachtung des göttlichen Wesens nichts einem Genus Aehnliches
annehmen und ebensowenig seine Unterschiedenheit von Anderem
durch positive Unterschiedsbestimmungen darthun können, so müssen
wir dasselbe durch negative Unterschiedsbestimmungen kennzeichnen
(oportet eam accipere per differentias negativas). [1] Dieß ist der
modus remotionis. Bejahende Bestimmungen über Gott gewinnen
wir aber nur dadurch, daß wir Worte und Gedanken, die von den
Geschöpfen als Wirkungen Gottes hergenommen sind, in einem höheren
Sinne nehmen, als in welchem sie von den Geschöpfen gelten. Dieß
ist der *modus excellentiae.* [2] Sonach setzt sich unser Begriff von
Gott aus verschiedenen Merkmalen zusammen: aus r e a l e n, welche
die Gemeinschaft der Creatur mit dem Schöpfer ausdrücken, und aus
i d e a l e n oder negativen, wodurch seine Unendlichkeit und sein Hin-
aussein über alles creatürliche Sein bestimmt wird. Wenn wir nun
Gott auf solche Weise mehrere Eigenschaften beilegen, während er
doch, wie wir weiter unten sehen werden, schlechthin einfach und
zusammensetzungslos ist, so scheint diese so gewonnene Erkenntniß
desselben falsch zu sein. Denn jede Erkenntniß, die ihren Gegenstand anders faßt, als er ist, ist falsch. Diesem Bedenken gegenüber
macht Thomas geltend, daß das „anders" nicht den I n h a l t unserer

---

1) *Contra gent. lib. I, cap. XIV: Est via remotionis utendum, praecipue in con-
sideratione divinae substantiae. Nam divina substantia omnem formam, quam intellectus
noster attingit, sua immensitate excludit; et sic ipsam apprehendere non possumus
cognoscendo quod est, sed aliqualem ejus habemus notitiam cognoscendo quod non est.
Tantum enim ejus notitiae magis appropinquamus, quanto plura per intellectum nostrum ab eo poterimus removere.*

2) *Summa th. P. I, qu. XII, art. XII: Quia sunt effectus a causa dependentes,
ex eis in hoc perduci possumus, ut cognoscamus de Deo an est, et ut cognoscamus de
ipso ea quae necesse est ei convenire, secundum quod est prima causa omnium, excedens
omnia sua causata.*

Gotteserkenntniß, sondern nur die Erkenntnißweise trifft, weshalb jener Inhalt nicht unwahr, wohl aber unangemessen ist.[1] Denn wenn wir Gott unter verschiedenen Begriffen erkennen, so erkennen wir zugleich, daß jedem dieser Begriffe die eine und selbe schlechthin einfache Sache entspricht, und daß diese Sache alle zumal (einheitlich genommen) verificirt.[2] Daß damit der auf dem Wege des *modus excellentiae* gewonnenen Erkenntniß Gottes die Bedeutung genommen und der *modus remotionis* als der allein zu einer richtigeren Bestimmung der göttlichen Wesenheit führende Weg hingestellt ist, leuchtet gewiß ein. Doch wir lassen uns hier an dieser Bemerkung genügen, um nach Darlegung der dritten Erkenntnißweise darauf zurückzukommen.

Zwischen der intuitiven und der natürlichen Erkenntniß Gottes, tiefer als jene, höher als diese, steht nämlich **die Erkenntniss Gottes durch den Glauben** *(secundum fidei suppositionem)*, oder die *doctrina theologiae*. Diese theologische Erkenntniß des Göttlichen steht tiefer als die intuitive, weil auch der Glaube keine directe und unmittelbare Erkenntniß der göttlichen Wesenheit gewährt; sie steht dagegen höher als die natürliche Gotteserkenntniß, einmal weil sie nicht durch den subjectiven endlichen Geist bewirkt und auf einen inadäquaten Schluß von dem Endlichen auf den Unendlichen gebaut, sondern aus der *prima veritas* d. i. dem absoluten Wissen Gottes geflossen und uns unmittelbar kund gegeben ist, weil also das, was Gott weiß und uns geoffenbart hat, gewisser ist als jenes,

---

1) Ebend. *qu. XIII, art. XII, ad 3: Haec propositio: intellectus intelligens rem aliter quam sit est falsus, est duplex, ex eo, quod hoc adverbium aliter potest determinare hoc verbum intelligens ex parte intellecti vel ex parte intelligentis. Si ex parte intellecti, propositio vera est; et est sensus: Quicunque intellectus intelligit rem esse aliter quam sit, falsus est. Sed hoc non habet locum in proposito, quia intellectus noster formans propositionem de Deo non dicit eum esse compositum sed simplicem. Si vero ex parte intelligentis, sic propositio falsa est. Aliud est enim modus intellectus in intelligendo quam rei in essendo. Manifestum est enim, quod intellectus noster res materiales infra se existentes intelligit immaterialiter, non quod intelligat eas esse immateriales, sed habet modum immaterialem ea intelligendo. Et similiter cum intelligit simplicia quae sunt supra se, intelligit ea secundum modum suum, scilicet composite; non tamen ita, quod intelligat ea esse composita. Et sic intellectus noster non est falsus formans compositionem de Deo.*
2) Ebend. *art. XII: Sed quamvis intelligat ipsum sub diversis conceptionibus, cognoscit tamen quod omnibus suis conceptionibus respondet una et eadem res. Hanc ergo pluralitatem, quae est secundum rationem, repraesentat pluralitas praedicati et subjecti; unitatem vero repraesentat intellectus per compositionem.*

was wir aus seinen Werken durch unsere Vernunft erkennen, da es
seine Gewißheit aus dem göttlichen Lichte empfängt, das nicht täuschen kann;[1] dann aber auch deshalb, weil die Thatsachen der Offenbarung höhere und vorzüglichere Wirkungen Gottes sind und folglich
auch eine höhere und vorzüglichere Erkenntniß Gottes ermöglichen;
endlich aber deshalb, weil die Offenbarung als solche Wahrheiten über
Gott mittheilt, welche wir durch die bloße natürliche Vernunft nicht
zu erkennen vermögen, wie die Dreipersönlichkeit Gottes.[2]

Merkwürdig ist nun aber, wie Thomas auch die Vernunftwahrheiten, also auch die auf das Dasein und Wesen Gottes bezüglichen,
auf die Offenbarung zurückführt, weil die auf dem Wege der Vernunfterkenntniß gewonnene Wahrheit von Wenigen und erst nach langer Zeit und mit Beimischung vielfacher Irrthümer erkannt werde, in
den allgemeinen religiösen Wahrheiten aber die besonderen Glaubens-Wahrheiten, auf welchen unsere Seligkeit beruhe, enthalten seien;
daher er das, was er sonst *praeambula fidei* nennt, nun auch wieder als *prima credibilia* bezeichnet, *in quibus omnes fidei articuli
implicite continentur.*[4] Wir fragen: Woher kommt es, daß auch bei

---

1) Ebend. qu. I, art. V: *Haec scientia (sc. sacra doctrina) alias speculativas
scientias excedit, secundum certitudinem quidem, quia aliae scientiae certitudinem habent
ex naturali lumine rationis humanae, quae potest errare; haec autem certitudinem habet
ex lumine divinae scientiae, quae decipi non potest.*

2) Ebend. qu. XII, art. XIII: *Dicendum, quod licet per revelationem gratiae in
hac vita non cognoscamus de Deo, quid est, et sic ei quasi ignoto conjungamur; tamen
plenius ipsam cognoscimus, in quantum plures et excellentiores effectus ejus nobis demonstrantur; et in quantum ei aliqua attribuimus ex revelatione divina, ad quae ratio
naturalis non pertingit, ut: Deum esse trinum et unum.* Vgl. qu. XXXII, art. I: *Impossibile est rationem naturalem vel cognitionem divinarum personarum pervenire;
per rationem naturalem cognosci possunt de Deo ea quae pertinent ad unitatem essentiae, non ea, quae pertinent ad distinctionem personarum; qui autem probare nititur
trinitatem personarum naturali ratione fidei derogat.* — Hiegegen polemisirte später
Raimundus Lullus sehr heftig; denn bei der Art dieses Enthusiasten, Beweise
zu führen und die Ungläubigen zu besiegen, wurde ihm die Demonstration solcher
Dogmen, wie von der Dreieinigkeit und Menschwerdung, nicht schwer.

3) Ebend. qu. I, art. I: *Ad ea etiam, quae de Deo ratione humana investigari
possunt, necessarium fuit hominem instrui revelatione divina: quia veritas de Deo per
rationem investigata a paucis et per longum tempus et cum admixtione multorum errorum homini proveniret: a cujus tamen veritatis cognitione dependet tota hominis salus,
quae in Deo est.*

4) *Summa th. P. II, 2. qu. I, art. VII: Omnes articuli impliciti continentur in
aliquibus primis credibilibus, scilicet ut credatur Deus esse, et providentiam habere circa hominum salutem.*

den Wahrheiten, welche Inhalt der rein natürlichen Gotteserkenntniß sind, die Nothwendigkeit des Geoffenbartwerdens bei Thomas den Sieg behält. Die Antwort auf diese Frage wird es uns auch deutlich machen, warum in dem Processe der natürlichen Gotteserkenntniß der *modus excellentiae* hinter dem *modus remotionis* bei ihm zurücktreten muß und ein auch im Jenseits nicht zu lüftender Schleier über dem göttlichen Wesen liegen bleibt.

Wir vermögen den Grund für diese zuletzt immer siegreiche Transscendenz des göttlichen Wesens nur in dem Einfluß des areopagitischen Neuplatonismus zu finden. Wie Plotin,[1] der Hauptvertreter des Neuplatonismus, von Gott nur zu sagen wußte, was er nicht sei, nicht aber was er sei, so bildete dieselbe Negativität den Grundgedanken der areopagitischen Gotteslehre. Die absolute Unerkennbarkeit Gottes ist nach Dionysius Areopagita die schlechthinige Voraussetzung, welche allem, was irgendwie über Gott ausgesagt werden mag, vorangestellt werden muß. „Wie das nur durch die Vernunft Erkennbare den Sinnen unfaßlich und unanschaubar ist, und das Einfache und Unbildliche dem Gestalteten und Bildlichen, und wie die Gestaltlosigkeit unkörperlicher Dinge dem körperlich Gestalteten unfaßbar und ungestaltbar ist, ebenso liegt die überwesentliche Unbegrenztheit über alle Wahrheiten hinaus, über alle Vernunft die übervernünftige Einheit; allem Begriff unbegreifbar ist das über den Begriff hinausliegende Eine, jeder Rede unaussprechlich das über alle Rede erhabene Gute, die einende Einheit jeder Einheit, die überwesentliche Wesenheit, die der Vernunft nicht erkennbare Vernunft, das unaussprechliche Wort, Vernunftlosigkeit, Verstandlosigkeit, Namenlosigkeit, keinem seienden Dinge ähnlich, allem aber Grund des Seins, selbst nicht seiend, als das über alle Wesenheit hinaus Seiende."[2]

Allerdings trat bei Dionysius Areopagita zu dieser negativen eine positive Seite: Gott ist nach ihm ebenso allnamig wie namenlos.[3] Es bestand, wie Baur sagt, in der Entwicklung der göttlichen Prädicate und des auf ihnen beruhenden Gottesbegriffes das eigenthümliche

---

1) Vgl. Zeller, Die Philosophie der Griechen. Theil 3. Abthlg. 2. S. 422 ff. Vogt, Neuplatonismus und Christenthum. Theil 1: Neuplatonische Lehre. S. 47 f. Kirchner, Die Philosophie des Plotin. S. 40 f.

2) *De divinis nominibus I, 1.*

3) Ebend. II, 11. Vgl. Baur, Die christliche Lehre von der Dreieinigkeit und Menschwerdung Gottes. Theil 2. S. 211 ff.

Verfahren des Areopagiten durchaus darin, daß Bejahung und Verneinung sich das Gleichgewicht hielten. Allein das überwiegende Moment fiel immer wieder auf die Seite der Verneinung, der Negation der Vielheit durch die Einheit.

Dasselbe Schwanken zwischen Negation und Position finden wir dann auch bei dem unter areopagitischem Einfluß stehenden Johannes von Damascus. Die Hauptantwort, welche er auf die Frage nach dem Wesen Gottes gab, bestand in dem von ihm allen anderen Bestimmungen vorangestellten Satze, daß Gott seinem Wesen nach schlechthin unbegreiflich und unerkennbar ist.[1] „Man kann über das Wesen Gottes nichts Positives aussagen; ja nicht einmal daß Gott ist kann eigentlich gesagt werden, da das Wesen Gottes über alles Seiende absolut hinausgeht." Dieß ist die von ihm behauptete absolute Transscendenz Gottes: es gibt kein positives Wissen in Ansehung der Idee Gottes. Dennoch schlug er ganz wie Thomas einen Weg der Beweisführung für das Dasein Gottes ein, auf welchem sich nothwendig positive Prädicate Gottes ergaben.[2] Seiner Argumentationsweise zufolge muß Gott wenigstens als die absolute Ursächlichkeit alles Seienden gedacht werden, und man erhält schon dadurch einen positiven Begriff Gottes, welcher gerade nicht mit jener Negativität der Gottesidee harmoniren will. Er blieb aber nicht bei dem Begriff einer ersten Ursache stehen; er ging vielmehr von dem kosmologischen Argumente zu dem physikotheologischen fort, und schloß aus der Verbindung des Geschaffenen zur Einheit, aus seiner Erhaltung und Regierung, daß Gott es ist, der dieses Ganze geordnet hat, der es zusammenhält und erhält. Ist aber Gott sonach nicht bloß die erste bewegende Ursache, sondern auch der Werkmeister und Künstler, welcher alles nach seiner Weisheit eingerichtet hat und regiert, so kann er auch nur als die höchste Vernunft, als der höchste Geist gedacht werden, und es kommen ihm alle Eigenschaften zu, die aus dem gesammten Organismus der Welt abstrahirt werden können.

Es bestand also, wie wir sehen, ein wesentlicher Unterschied zwischen Dionysius Areopagita und Johannes von Damascus. Ersterer kam über die absolute Transscendenz der Idee Gottes nicht hinaus; letzterer war bemüht, vom Gegebenen und Wirklichen aus zur Idee zu gelangen

---

1) *De fide orthod.* I, 4: ὅτι μὲν οὖν ἔστι θεός, δῆλον· τί δέ ἐστι, κατ' οὐσίας καὶ φύσιν ἀκατάληπτον τοῦτο παντελῶς καὶ ἄγνωστον.
2) Ebend. *I*. 3.

und ihr ihren bestimmten Inhalt zu geben. Die absolute Transscendenz war also bei Johannes von Damascus auf der einen Seite aufgehoben, während sie allerdings auf der anderen festgehalten wurde.

Viel genauer schloß sich Scotus Erigena in seinem theologischen System an die Schriften des Areopagiten an. Gottes Wesen an sich, sagte er, kann von keinem creatürlichen Verstande erfaßt und daher auch nicht durch ein Wort oder einen bestimmten Namen ausgedrückt werden.[1] Wir können daher eigentlich nichts von Gott aussagen; weil er aber die Ursache von Allem ist, so kann man wenigstens *translative* und *metaphorice* von dem Schöpfer aussagen, was an sich nur von der Creatur gilt.[2] Darum theilte Erigena die Theologie in eine bejahende, καταφατική, *affirmativa*, und eine verneinende, ἀποφατική, *abnegativa*. Letztere leugnet, daß Gottes Wesen etwas Seiendes d. h. Erkennbares sei; erstere prädicirt alles Seiende von ihm, aber nicht um es an sich von ihm auszusagen, sondern nur sofern durch das Gewirkte auch das Ursächliche bezeichnet werden kann.[3] Aber wenn wir Gott so die Prädicate Wesen, Güte, Wahrheit, Gerechtigkeit, Weisheit u. s. w. beilegen, so müssen wir dieß ebenso wieder von Gott verneinen; denn diese Prädicate haben ein Gegentheil sich gegenüber; es würde also Gott dadurch auf die eine Seite des Gegensatzes gestellt, während er doch über alle Gegensätze erhaben, die reine Indifferenz der Gegensätze ist. Daher muß man bei allem, was man von Gott aussagt, die Beschränkung hinzufügen, daß er mehr als dieß, daß er Ueberwesen, Uebergüte, Ueberwahrheit u. s. w. sei.[4] Daß so bei Scotus

---

1) *De divisione naturae I, 3: Deus in se ipso ultra creaturam omnem nullo intellectu comprehenditur. I, 13: S. Dionysius Areopagita Theologus nobis verissime ac probatissime suadet divinae unitatis atque trinitatis mysteria; ait enim, nulla verborum seu nominum, seu quacunque articulatae vocis significatione summam omnium atque causalem essentiam posse significari.*

2) Ebend. *I, 14: Non proprie sed translative dicitur essentia, veritas, sapientia, ceteraque hujusmodi; sed superessentialis, plusquam veritas, plusquam sapientia dicitur.*

3) Ebend. *I, 13: Theologia* ἀποφατική *divinam essentiam seu substantiam esse aliquid eorum, quae sunt, i. e. quae dici aut intelligi possunt, negat; altera vero,* καταφατική*, omnia quae sunt de ea praedicat, et ideo affirmativa dicitur, non ut confirmet aliquid esse eorum quae sunt, sed omnia, quae ab ea sunt, de ea posse praedicari suadeat. Rationabiliter enim per causativa causale potest significari.*

4) Ebend.: *Essentia, bonitas, veritas, justitia, sapientia ceteraque, quae videntur non solum divina, sed etiam divinissima, et nihil aliud praeter illam ipsam divinam substantiam seu essentiam significare, metaphorica fiunt, i. e. a creatura ad Creatorem translata sunt. — I, 14: Si praedicata nomina opposita e regione sibi alia nomina respiciunt, necessario etiam res, quae proprie eis significantur, oppositas sibi contrarie-*

Erigena wie bei Dionysius Areopagita die negative Theologie stets das Uebergewicht über die positive erhalten mußte, ist klar; er sah dieß auch selbst ein, wenn er sagte, daß die mit *super* zusammengesetzten Ausdrücke nur dem Wortlaute nach affirmativ, dem Sinne nach aber negativ seien, ja geradezu behauptete, Gott werde mit mehr Wahrheit in allem geleugnet als affirmirt.[1]

Dieser kurze Rückblick auf Dionysius Areopagita, Johannes von Damascus und Scotus Erigena möge genügen, um unsre obige Behauptung eines Einflusses des Neuplatonismus auf die Lehre des Thomas von der Erkennbarkeit Gottes zu rechtfertigen. Allerdings bildet die absolute Transscendenz des göttlichen Wesens nicht den Ausgangspunkt seiner Theologie, auch nicht den Mittelpunkt derselben, wie beim Areopagiten und bei Scotus Erigena; aber in ähnlicher Weise wie bei Johannes von Damascus sind der **aristotelische** Standpunkt, der vom **Causalitätsprincip** ausgeht, und der **platonische**, der von der **Incongruenz der Ursache und Wirkung** ausgeht, nicht genügend ausgeglichen. Auf der einen Seite soll dem endlichen Verstande die Möglichkeit der Erkenntniß Gottes nicht abgesprochen, auf der anderen aber seine absolute Unbegreiflichkeit anerkannt werden. Wir haben aber gesehen, daß das Uebergewicht zuletzt doch immer wieder auf die Seite der vom Areopagiten behaupteten absoluten Transscendenz des göttlichen Wesens fällt, bei Johannes von Damascus nicht minder als bei Thomas von Aquino.[2]

---

tates obtinere intelliguntur, ac per hoc de Deo, cui nihil oppositum, — proprie praedicari non possunt. — Essentia ergo dicitur Deus, sed proprie essentia non est, cui opponitur nihil, ὑπερούσιος igitur est; — bonitas dicitur, sed proprie bonitas non est, bonitati enim malitia opponitur; — ὑπεραγαθότης igitur est, — ὑπεραληθής, ὑπεραιώνιος etc. I, 56.

1) Ebend. *I, 14: Superessentialis — est affirmatio simul et abdicatio. In superficie etenim negatione caret; in intellectu negatione pollet. Nam qui dicit, superessentialis est, non quid est dicit, sed quid non est; dicit enim essentiam non esse, sed plus quam essentiam. I, 66: Nil de Deo proprie potest dici, quoniam superat omnem intellectum omnesque significationes, qui melius nesciendo scitur, cujus ignorantia vera est sapientia, qui verius fideliusque negatur in omnibus, quam affirmatur.*

2) Dieß ist übrigens der Standpunkt auch der meisten anderen Scholastiker. So sagt Albertus Magnus (*Summa th. P. I, qu. XIII*): *Dicendum quod aliud est contingere per intellectum et diffundi in intelligibili, et aliud est capere sive comprehendere intelligibile,* wofür er sich ausdrücklich auf den Areopagiten und die Hauptsätze seiner Lehre von Gott beruft. Vgl. weitere Aussprüche von ihm bei Baur a. a. O. S. 622. Alexander von Hales (*Summa th. P. I, qu. II, membr. I, art. II*)

3. Abtheilung.
Gott als absolutes Sein, nicht als absolute Persönlichkeit.

Aus dem, was wir oben über den areopagitischen Neuplatonismus gesagt haben, ist zu ersehen, daß Gott auf diesem Standpunkte durchaus als die rein abstracte, unterschiedslose Einheit, als die reine Identität mit sich selbst aufgefaßt wird. Wenn wir nun das, was wir im Folgenden als Lehre des Thomas über das Wesen Gottes selbst darzustellen haben, unter die Ueberschrift: „Gott als absolutes Sein, nicht als absolute Persönlichkeit" zusammenfassen, so wollen wir damit gegen Thomas den Vorwurf eines unter dem Einfluß des Neuplatonismus stehenden abstracten, unlebendigen Gottesbegriffes erheben. Wir werden im Folgenden diesen Vorwurf zu rechtfertigen suchen.

Die erste Bestimmung, die Thomas über das göttliche Wesen aufstellt, ist

a. die schlechthinige Einfachheit Gottes.

Thomas faßt sie auf als Negation aller Zusammensetzung, sowohl der physischen als auch der metaphysischen. Er sucht vor Allem darzuthun, daß Gott **kein körperliches Wesen** sein könne. Jedem Körper eignet nemlich Potenzialität, weil das Continuum als solches theilbar ins Unendliche ist. Folglich kann Gott als reine Actualität[1] in

---

sagt: *Dicendum quod est cognitio de Deo per modum positionis et per modum privationis. Per modum privationis cognoscimus de Deo quid non est, per modum positionis quid est. Divina substantia in sua immensitate non est cognoscibilis ab anima rationali positiva, sed est cognoscibilis cognitione privativa.* Die Mystiker dagegen bestrebten sich mehr sich in Gott hineinzuleben und auf diesem Wege ihn unmittelbar in seinem Lichte und alle Dinge in Gott zu schauen, während ein Occam in der Frage nach der Erkennbarkeit Gottes bis ans Skeptische streifte. Vgl. Baur a. a. O. S. 874 ff. Nur eine Stelle sei von Occam angeführt. Er sagt *Sent. I, dist. III, qu. II: Nec divina essentia nec divina quidditas nec aliquid intrinsecum Dei nec aliquid quod est realiter Deus, potest hic cognosci a nobis, ita quod nihil aliud a Deo concurrat in ratione subjecti. — Quod nihil potest naturaliter cognosci in re, nisi cognoscatur intuitive. Sed Deus non potest cognosci a nobis intuitive ex puris naturalibus.*

1) Die Auffassung Gottes als des *actus purus* d. h. der absoluten Wirklichkeit, in welcher nichts bloße Möglichkeit ist, sondern Möglichkeit und Wirklichkeit identisch sind, geht auf Aristoteles zurück. Für Thomas wie für Alexander ergibt sich dieselbe aus der Bestimmtheit Gottes als des *primum movens*, $\pi\rho\tilde{\omega}\tau o\nu$ $\varkappa \iota \nu o \tilde{\upsilon} \nu$. Vgl. oben S. 16. Wir werden auf sie später zurückkommen.

keiner Weise ein körperliches Wesen sein.[1] Dasselbe geht auch daraus hervor, daß Gott der erste Beweger und als solcher unbewegt ist. Kein Körper aber kann bewegen, es sei denn daß er zuerst selbst bewegt werde.[2] Dazu kommt endlich, daß Gott das höchste Wesen ist, und dieses schon als solches nicht körperlicher Natur sein kann, weil das Körperliche die unterste Stufe des Seienden einnimmt.[3]

Aus der Unkörperlichkeit Gottes ergibt sich unmittelbar seine Immaterialität.[4] Würde man eine Zusammensetzung von Materie und Form in Gott annehmen, so würde Gott damit schon wieder auf die Stufe des körperlichen Seins gestellt, weil Materie und Form ein körperliches Wesen constituiren. Außerdem ist die Materie wesentlich das potentielle Sein; denn sie besitzt die Potenzialität, das zu sein, was sie nicht. Gott aber ist rein actuell, folglich auch immateriell.[5]

Alles ferner, was aus Form und Materie zusammengesetzt ist, ist vollkommen und gut nur durch seine Form, insofern die Materie an der Form participirt. Gott aber ist durch sich selbst gut; also ist er nicht denkbar als Zusammensetzung von Form und Materie, sondern nur als reine Form.[6] Auch ist ja die Materie nicht das Princip der

---

1) *Summa th. P. I, qu. III, art. I. Necesse est id, quod est primum ens, esse in actu, et nullo modo in potentia. Licet enim in uno et eodem, quod exit de potentia in actum, prius sit tempore potentia quam actus, simpliciter tamen actus prior est potentia, quia quod est in potentia non reducitur in actum nisi per ens actu. Ostensum est autem, quod Deus est primum ens. Impossibile est igitur, quod in Deo sit aliquid in potentia. Omne autem corpus est in potentia, quia continuum, in quantum hujusmodi, divisibile est in infinitum. Impossibile est igitur, Deum esse corpus.*

2) Ebend. *Nullum corpus movet non motum. Ostensum est autem, quod Deus est primum movens immobile. Unde manifestum est, quod Deus non est corpus.*

3) Ebend. *Deus est id, quod est nobilissimum in entibus. Impossibile est autem, aliquod corpus esse nobilissimum in entibus, quia corpus aut est vivum aut non vivum. Corpus autem vivum manifestum est quod est nobilius corpore non vivo; corpus autem vivum non vivit in quantum corpus, quia sic omne corpus viveret. Oportet igitur quod vivat per aliquid aliud, sicut corpus nostrum vivit per animam. Illud autem per quod vivit corpus, est nobilius quam corpus. Impossibile est igitur Deum esse corpus.*

4) *Summa th. P. I, qu. III, art. II. Contra gent. lib. I, cap. XVII.*

5) *Summa th. l. c. Materia id est, quod est in potentia. Ostensum est autem, quod Deus est purus actus, non habens aliquid de potentialitate. Unde impossibile est, quod Deus sit compositus ex materia et forma.*

6) Ebend. *Omne compositum ex materia et forma est perfectum et bonum per suam formam, unde oportet, quod sit bonum per participationem, secundum quod materia participat formam. Primum autem, quod est bonum et optimum, quod Deus est, non est bonum per participationem, quia bonum per essentiam prius est bono per participationem. Unde impossibile est, quod Deus sit compositus ex materia et forma.*

Thätigkeit, weshalb Ursache und Materie nicht zusammenfallen. Gott ist die erste bewirkende Ursache der Dinge, und darum absolut immateriell.[1] Endlich wird die Materie actuelle Ursache nur durch Veränderung. Da nur Gott unbewegt ist, so muß er die letzte Ursache alles Seins auf immaterielle Weise sein.[2]

Aus diesem Unterschied Gottes von aller erfahrungsmäßigen Wirklichkeit folgt nun weiter, daß göttliches Wesen oder göttliche Natur und Gott identisch sind; daß in Gott kein realer Unterschied zwischen Natur und Suppositum zu setzen ist.[3] Bei den aus Materie und Form zusammengesetzten Dingen findet zwar ein Unterschied statt zwischen der Natur oder dem Wesen und zwischen dem Suppositum, weil die Natur oder das Wesen blos das in sich begreift, was in die Definition der Species fällt, die *materia individualis* aber sammt allen individuirenden Accidenzien von dieser Definition ausgeschlossen ist. Bei den Dingen aber, die nicht zusammengesetzt sind aus Form und Materie, in denen sich die Individuation nicht vermittelt durch die *materia individualis*, sondern die als reine Formen durch sich selbst individuirt werden, müssen die Formen selbst die *supposita subsistentia* sein, weshalb sich bei ihnen *suppositum* und *materia* nicht unterscheidet.[4] Ferner ist ja das Wesen der endlichen Dinge etwas rein Abstractes, und kommt nur im Concreten zur Wirklichkeit, weshalb man nicht sagen kann, der Mensch sei das menschliche Wesen, weil sich eben das menschliche Wesen specialisirt in den menschlichen Individuen;[5] aber das göttliche Wesen ist für sich in

---

1) *Contra gent. l. c. Materia non est agendi principium: unde efficiens et materia in idem non incidunt. Deo autem convenit esse primam causam effectivam rerum. Ipse igitur materia non est.*

2) Ebend. *Materia non fit causa alicujus in actu nisi secundum quod alteratur et mutatur. Si igitur Deus non est immobilis, nullo modo potest esse rerum causa per modum materiae.*

3) *Summa th. P. I, qu. III, art. III. Contra gent. lib. I, cap. XXI: Deus est sua essentia, quidditas seu natura.*

4) *Summa th. l. c. In his quae non sunt composita ex materia et forma, in quibus individuatio non est per materiam individualem, id est, per hanc materiam, sed ipsae formae per se individuantur, oportet quod ipsae formae sint supposita subsistentia, unde in eis non differt suppositum et natura. Et sic cum Deus non sit compositus ex materia et forma, oportet quod Deus sit sua Deitas, sua vita et quidquid aliud sic de Deo praedicatur.*

5) *Contra gent. l. c. Ipsae essentiae vel quiddidates generum vel specierum individuantur secundum materiam signatam hujus vel illius individui.*

eigenthümlicher Weise existent, in sich selbst individuirt, weshalb das göttliche Wesen so von Gott zu prädiciren ist, daß damit gemeint ist. Gott und göttliches Wesen decken sich vollständig.

Als reine Actualität schließt Gott auch die Zusammensetzung von Wesen und Sein aus; zwischen beiden ist in Gott kein realer Unterschied, vielmehr sind Wesen und Sein in ihm absolut identisch.[1] Sein ist nemlich Actualität; durch das Sein ist das, wovon es ausgesagt wird, in der Wirklichkeit. So muß also das Sein, wo immer es von der Wesenheit verschieden ist, zu dieser wie die Wirklichkeit des Seins zu dem Vermögen des Seins sich verhalten. Gott aber ist rein actuelles Sein, von dem alle Selbstverwirklichung ausgeschlossen ist, was er aber aufhören würde zu sein, wenn seine Wesenheit nicht als solche das Sein einschlösse, und folglich sein eigentlichstes Selbst nicht Sein und Wirklichkeit wäre.[2] Ferner ist ja, wenn in einem Wesen sich etwas vorfindet, was nicht zu seiner Wesenheit gehört, dieß entweder verursacht durch die Wesenheit selbst, sofern es die natürliche Folge der essentiellen Principien des Dinges ist, oder durch eine äußere Ursache. Das erstere Glied dieser Alternative ist aber gar nicht denkbar; denn kein Wesen kann sich rein aus sich selbst d. h. ohne Einfluß von außen, verändern, geschweige denn aus sich selbst zur Wirklichkeit, zum substanzialen Dasein gelangen. Es bleibt also nur das letztere Glied der Alternative übrig, daß nemlich wo in einem Wesen das Sein von der Wesenheit verschieden ist, dasselbe durch eine äußere Ursache verursacht sein muß. Nun aber kann letzteres bei Gott in keiner Weise stattfinden, da er ja die erste und oberste Ursache ist, welche keiner anderen untergeordnet ist. Folglich kann in ihm, dem schlechthin Unbedingten und Voraussetzungslosen, das Sein von der Wesenheit nicht verschieden, vielmehr muß es mit dieser identisch sein.[3] Endlich hat jedes Wesen, dessen Wesenheit nicht mit seinem

---

1) *Summa th. P. I, qu. III, art. IV. Contra gent. lib. I, cap. XXII.*

2) *Summa th. l. c. Esse est actualitas omnis formae vel naturae; non enim bonitas vel humanitas significatur in actu, nisi prout significamus eam esse. Oportet igitur quod ipsum esse comparetur ad essentiam, quae est aliud ab ipso, sicut actus ad potentiam. Cum igitur in Deo nihil sit potentiale, sequitur quod non sit aliud in eo essentia quam suum esse. Sua igitur essentia est suum esse.*

3) **Ebend.** *Si ipsum esse rei sit aliud ab ejus essentia, necesse est, quod esse illius rei sit causatum ab aliquo exteriori vel a principiis essentialibus ejusdem rei. Impossibile est autem, quod esse sit causatum tantum ex principiis essentialibus rei, quia nulla res sufficit, quod sit sibi causa essendi, si habeat esse causatum. Oportet*

Sein zusammenfällt, sein Sein nur durch Theilnahme. Da aber Gott das erste Sein ist, jenes Sein, dem ebensowenig dem Grund und der Natur als der Zeit nach ein anderes vorausgeht, so muß er nicht das Sein haben, sondern er ist selbst sein Sein.[1]

Gott ist weiter auch insofern einfach, als er selbst **unter keine Gattung fällt**, sondern über alle Gattung erhaben ist.[2] Unter eine Gattung kann nemlich etwas in doppelter Weise subsumirt werden; einmal als Species der Gattung, und dann so, daß es auf die Gattung zu reduciren ist als deren Princip, wie z. B. der Punct und die Einheit reducirt werden müssen auf das Genus der Quantität als deren Principien. Auf keine dieser beiden Arten kann aber Gott in irgendwelche Gattung eingeschlossen sein. Nicht auf die erste Weise; denn die Species wird constituirt durch das Genus und die Differenz; dasjenige aber, wovon die Differenz entnommen wird, verhält sich zu demjenigen, wovon die Gattung entnommen ist, stets wie die Actualität zur Potenzialität.[3] Auch würde ja Gott, wenn er als besondere Species unter ein allgemeines Genus gehörte, mit den anderen neben sich die Wesenheit theilen; jedes der differenten Wesen aber noch sein besonderes Sein haben; und dieß würde auf einen in Gott nicht zu statuirenden Unterschied von Wesen und Sein führen.[4] Aber auch auf die andere Weise darf Gott keinem Genus eingeordnet werden. Denn das Princip, das auf ein Genus zurückgeführt wird, erstreckt sich nicht

---

ergo, quod illud, cujus esse est aliud ab essentia sua, habeat esse causatum ab alio. Hoc autem non potest dici de Deo, quia Deum dicimus esse primam causam efficientem.

1) Ebend. *Illud quod habet esse et non est esse, est ens per participationem. Deus autem est sua essentia. Si igitur non sit suum esse, erit ens per participationem, et non per essentiam. Non ergo erit primum ens, quod absurdum est dicere. Est igitur Deus suum esse, et non solum sua essentia.*

2) Ebend. *art. V. Contra gent. lib. I, cap. XXIV. XXV.*

3) *Summa th. l. c. Species constituitur ex genere et differentia; semper autem id a quo sumitur differentia constituens speciem, se habet ad illud unde sumitur genus sicut actus ad potentiam. Unde cum in Deo non adjungatur potentia actui, impossibile est, quod sit in genere tamquam species.*

4) Ebend. *Omnia quae sunt in genere uno, communicant in quidditate vel essentia generis, quod praedicatur de eis in eo, quod quid est; differunt autem secundum esse; non enim idem est esse hominis et equi, neque hujus hominis et illius hominis, et sic oportet quod quaecunque sunt in genere differant in eis esse et quod quid est, id est essentia. In Deo autem non differunt. Unde manifestum est, quod Deus non est in genere sicut species.*

über dasselbe hinaus; Gott aber ist das Princip alles Seienden, weshalb er nicht in einem Genus als dessen Princip enthalten ist.[1]

Gottes Einfachheit schließt auch alle Zusammensetzung aus Materie und Accidenzien aus. **In Gott sind keine Accidenzien denkbar**.[2] Denn einmal verhält sich ja das Subject zum Accidens wie die Potenzialität zur Actualität, weil das Subject durch das Accidens in einer bestimmten Beziehung in Actualität gesetzt wird; sodann ist das mit Accidentiellem Behaftete irgendwie seiner Natur nach veränderlich; endlich aber ist es ganz und gar gegen die Natur des reinen Seins, mit etwas Anderem verbunden zu sein, wie z. B. die Wärme selbst alles Fremdartige von sich ausschließt, während dagegen das Warme etwas Fremdartiges an sich haben kann. In der That hängt ja auch die Substanz nicht vom Accidens ab, obwohl das Accidens von der Substanz, sodaß recht wohl eine Zeit gedacht werden kann, in welcher die Substanz vom Accidens frei ist, also auch eine Substanz die kein Accidens hat; und das muß nun eben vorzüglich der göttlichen als der einfachsten Substanz zukommen.

So ist also Gottes Wesen absolut einfach, und darum kann **Gott weder das Formalprincip der Dinge, wie Amalrich von Bena lehrte, noch das Materialprincip desselben, wie David von Dinanto meinte, sein**. In der Schrift *Contra gentiles*[3] wendet sich Thomas gegen den ersteren Irrthum, daß Gott nemlich das formale Princip der geschöpflichen Dinge sei, und widerlegt ihn mit folgenden Gründen: 1) das Sein ist entweder ein substantielles oder ein accidentielles. Gott aber ist weder Substanz noch Accidens, folglich auch nicht das, wodurch Alles, was ist, *formaliter* ist. 2) Wenn das göttliche Sein das formale Sein aller Dinge wäre, so müßte Alles schlechthin eins sein, weil das göttliche Sein die Natur Gottes selbst ist. 3) Das Allgemeine als solches kann nicht wirklich, sondern nur in unseren Gedanken sein; wäre also Gott das allgemeine Sein der Dinge, so hätte er außer den Dingen kein anderes Sein als im Begriffe

---

1) Ebend. *Quod Deus non sit in genere per reductionem ut principium, manifestum est ex eo quod principium, quod reducitur in aliquod genus, non se extendit ultra genus illud; sicut punctum non est principium nisi quantitatis continuae, et unitas quantitatis discretae. Deus autem est principium totius esse; unde non continetur in aliquo genere sicut principium.*
2) *Summa th. P. I, qu. III, art. VI. Contra gent. lib. I, cap. XXIII.*
3) *Contra gent. lib. I, cap. XXVI: Quod Deus non est formale omnium.*

(d. h. Pantheismus ist Atheismus). 4. Die Zeugung ist der Weg zum Sein, die Corruption der Weg zum Nichtsein. Gezeugtwerden wird von dem ausgesagt, was eine Form annimmt; wäre also Gott das formale Sein aller Dinge, so müßte er nothwendiger Weise das Ziel der Generation sein, was sich mit seiner Ewigkeit nicht verträgt. — In der theologischen Summe dagegen wendet sich Thomas gegen beide Irrthümer[1] und macht gegen sie folgendes geltend: 1) Gott ist die erste bewirkende Ursache. Die bewirkende Ursache aber ist mit der Form des bewirkten Dinges nicht der Zahl, sondern nur der Art nach identisch; denn der Mensch zeugt den Menschen. Die Natur ist aber mit der bewirkenden Ursache weder der Zahl noch der Art nach identisch, weil es sich hier um potentielles, dort um actuelles Sein handelt. 2) Gott als der ersten bewirkenden Ursache ist es eigenthümlich, zuerst und durch sich zu wirken; was aber eine Zusammensetzung eingeht, ist nicht zuerst und durch sich wirksam, denn die Hand ist nicht durch sich wirksam, sondern der Mensch durch die Hand. Daher kann Gott nicht ein Theil von etwas Zusammengesetztem sein. 3) Kein Theil von etwas Zusammengesetztem kann das Erste unter dem Seienden sein, auch die Materie und die Form nicht als die ersten Theile des Zusammengesetzten; denn die Materie ist potentielles Sein, die Potenzialität ist aber später als die Actualität, die Form dagegen als Theil des Zusammengesetzten ist participirte Form. Wie aber das Participirende später ist als das, was wesentlich ist, so auch das Participirte. Gott aber ist das *primum ens simpliciter*. Folglich ist Gott weder das Formal- noch das Materialprincip des geschöpflichen Seins.

Dieß die Bestimmungen, die Thomas über die schlechthinige Einfachheit Gottes gibt. Gewiß ist es charakteristisch und unserem Vorwurfe eines unter dem Einfluß des Neuplatonismus stehenden abstracten und unlebendigen Gottesbegriffes schon von vornherein günstig, daß die erste Aussage des Thomas über die göttliche Wesenheit die ist, daß Gott schlechthin einfach ist — eine Aussage, welche ja die Grundbestimmung des Neuplatonismus über das transcendente

---

1) *Summa th. P. I, qu. III, art. VIII: Alii dixerunt, Deum esse principium formale omnium rerum; et haec dicitur fuisse opinio Amalricianorum. Tertius error fuit Davidis de Dinanto, qui stultissime posuit Deum esse materiam primam. Omnia enim haec manifestam continent falsitatem; neque est possibile Deum aliquo modo in compositionem alicujus venire, nec sicut principium formale nec sicut principium materiale.*

Wesen Gottes ausmacht. Wir lassen die weiteren Bestimmungen, die Thomas über Gott aufstellt, folgen, um unsren Vorwurf gründlicher zu rechtfertigen.

b. Die schlechthinige Vollkommenheit Gottes.[1]

Die absolute Vollkommenheit Gottes fällt nach Thomas zusammen mit seiner absoluten Actualität, indem das Actuelle als solches auch das Verwirklichte, zu seinem Ziele Gebrachte, Vollendete ist. Freilich wenn Gott das Materialprincip der Dinge wäre, müßte man ihm die Vollkommenheit absprechen, da ja die Materie als solche das potentielle Sein ist; allein Gott ist ja reine Actualität, und als solche schlechthin vollkommen, so daß von ihm jeglicher Defect, jeglicher Mangel ausgeschlossen ist.[2] Dasselbe ergibt sich auch daraus, daß sich die Vorzüglichkeit eines Seins nach der Art und Weise bestimmt, wie es das Sein hat; denn da Gott das absolute Sein ist, da ihm das Sein *secundum totam virtutem ipsius esse* zukommt, so muß ihm auch die Vollkommenheit in absoluter Weise eignen. Endlich folgt es aber auch daraus, daß das unvollkommene Sein vom vollkommneren ausgeht; das erste Sein muß also das vollkommenste sein.

Daraus ergibt sich, daß in Gott alle Vollkommenheiten der geschöpflichen Dinge sein müssen und daß er deshalb als das *ens universaliter perfectum* zu fassen ist. Und zwar müssen diese Vollkommenheiten in ihm in eminentem Grade sein, nicht so wie sie in den geschöpflichen Dingen sich vorfinden, weil die Defecte, welche ihnen in den geschöpflichen Dingen anhaften, nicht in das göttliche Wesen hineingetragen werden dürfen. Alles, was in der Wirkung ist, muß ja schon vorher in der Ursache sein; und zwar in derselben Beziehung, wenn die wirkende Ursache ein *agens univocum* ist, oder auf eminente Weise, wenn die Ursache ein *agens aequivocum* ist, d.h. nicht derselben Gattung angehört, welcher die Wirkung angehört, sondern über der Gattung steht. Nun ist aber Gott die Ursache aller Dinge und zwar so, daß er über allen Gattungen der Dinge als *agens aequivocum* er-

---

1) *Summa th. P. I, qu. IV. Contra gent. lib. I, cap. XXVIII.*
2) *Summa th. l. c. art. 1: Cum enim materia, in quantum hujusmodi, sit in potentia, oportet quod primum principium materiale sit maxime in potentia et ita maxime imperfectum. — Contra gent. l. c. Unumquodque perfectum est in quantum est in actu; imperfectum autem secundum quod est in potentia cum privatione actus. Id igitur, quod nullo modo est in potentia, sed est actus purus, oportet perfectissimum esse. Tale autem est Deus: igitur est perfectissimus.*

haben ist; folglich müssen ihm alle Vollkommenheiten der geschöpflichen Dinge in eminentem Grade zukommen.¹ Dazu kommt, daß Gott das durch sich subsistirende Sein ist, woraus folgt, daß er die ganze Fülle, die ganze Vollkommenheit des Seins in sich schließen muß, und ihm daher keine Vollkommenheit mangeln kann; denn insofern ist ja ein Ding vollkommen, als es irgendwie das Sein hat; wenn etwas Warmes nicht die volle Vollkommenheit des Warmen hat, ist dieß deshalb der Fall, weil es an der Wärme nicht in voller Weise participirt; wenn aber die Wärme für sich subsistiren würde, so könnte ihr nichts von der Kraft des Warmen fehlen. Was also das Sein selbst ist, das muß auch schlechthin und durch sich selbst vollkommen sein.²

Präexistiren nun aber die Vollkommenheiten aller Dinge in Gott als der ersten wirkenden Ursache, und zwar auf vollkommenere Weise, als sie in der Wirklichkeit sich vorfinden, so muß die Creatur ein Abbild Gottes, ihm ähnlich sein. Obgleich nun aber alles, was ein Wesen hervorbringt, mit ihm irgend eine Aehnlichkeit haben muß, so ist doch diese Aehnlichkeit sehr verschiedener Art. Ursache und Wirkung können in ihrem specifischen Sein übereinstimmen, und nur wie Einzelwesen derselben Art verschieden sein, wie dieß bei der Zeugung der Fall ist. Sie können ferner zwar verschiedenen Arten, aber doch derselben Gattung angehören; und dann ist die Aehnlichkeit viel geringer, wie z.B. zwischen der Sonne und den Körpern, die durch ihren Einfluß entstehen. Wenn nun aber die Ursache ein Wesen ist, das mit keinem anderen zu derselben Gattung gehören kann, so muß die Aehnlichkeit, welche ihre Wirkungen mit ihr haben, eine noch viel entferntere sein. Dieß ist bei Gott der Fall; denn er kann, wie wir gesehen haben, als das lautere Sein seine Bestimmtheit nicht dadurch haben, daß er irgend

---

1) *Summa th. l. c. art. II: Quidquid perfectionis est in effectu, oportet inveniri in causa effectiva vel secundum eandem rationem, si sit agens univocum, ut homo generat hominem; vel eminentiori modo, si sit agens aequivocum, sicut in sole est similitudo eorum, quae generantur per virtutem solis. ... Cum ergo Deus sit prima causa effectiva rerum, oportet omnium rerum perfectiones praeexistere in Deo secundum eminentiorem modum.*

2) Ebend. *Deus est ipsum esse subsistens; ex quo oportet, quod totam perfectionem essendi in se contineat. Manifestum est enim, quod si aliquod calidum non habeat totam perfectionem calidi, hoc ideo est, quia calor non participatur secundum perfectam rationem; sed si calor esset per se subsistens, nihil de perfectione essendi potest ei deesse. Omnium autem perfectiones pertinent ad perfectionem essendi; secundum hoc enim aliqua perfecta sunt, quod aliquo modo esse habent; unde sequitur, quod nullius rei perfectio Deo deest.*

einer Art oder Gattung von Dingen angehört, sondern nur dadurch, daß er über alle Gattung erhaben ist. Somit können die Geschöpfe an den göttlichen Vollkommenheiten nicht in jener Weise theil haben, wie gleichartige Wesen die Attribute der Art oder wie verschiedenartige die Attribute der Gattung mit einander gemein haben, sondern nur insofern als zwischen dem, was sie sind, und dem, was Gott ist, doch eine gewisse Analogie besteht. Es findet also nur eine analoge Aehnlichkeit statt, sofern Gott das wesentliche Sein *(ens per essentiam)*, die Creatur dagegen das participirende Sein *(ens per participationem)* ist. Demnach ist es keine wechselseitige Aehnlichkeit. Das Verhältniß ist so, daß man Gott nicht mit der Creatur vergleichen kann, sondern nur die Creatur mit Gott.[1]

Ueberblicken wir nun das über die absolute Vollkommenheit Gesagte, so erhellt gewiß aus unsrer Darstellung zur Genüge, daß der Begriff derselben bei Thomas ein höchst abstracter und unlebendiger ist. Gott ist vollkommen, so sahen wir, weil er *actus purus* ist, seine Vollkommenheit fällt mit seiner absoluten Actualität zusammen. Was ist doch das für eine dürftige Anschauung! Wenn

---

[1] Ebend. *art. III: Cum similitudo attendatur secundum convenientiam vel communicationem in forma, multiplex est similitudo secundum multos modos communicandi in forma. Quaedam enim dicuntur similia, quae communicant in eadem forma secundum eandem rationem et secundum eundem modum; et haec non solum dicuntur similia, sed aequalia in sua similitudine; sicut duo aequaliter alba dicuntur similia in albedine; et haec est perfectissima similitudo. Alio modo dicuntur similia, quae communicant in forma secundum eandem rationem et non secundum eundem modum, sed secundum magis et minus; ut minus album dicitur simile magis albo; et haec est similitudo imperfecta. Tertio modo dicuntur aliqua similia, quae communicant in eadem forma, sed non secundum eandem rationem, ut patet in agentibus non univocis. Cum enim omne agens agat sibi simile, in quantum est agens; agit autem unumquodque secundum suam formam, necesse est quod in effectu sit similitudo formae agentis. Si ergo agens sit contentum in eadem specie cum suo effectu, erit similitudo inter faciens et factum in forma, secundum eandem rationem speciei, sicut homo generat hominem. Si autem agens non sit contentum in eadem specie, erit similitudo, sed non secundum eandem rationem speciei, sicut ea quae generantur ex virtute solis, accedunt quidem ad aliquam similitudinem solis; non tamen ut recipiant formam solis, secundum similitudinem speciei; sed secundum similitudinem generis. Si igitur sit aliquod agens quod non in genere contineatur, effectus ejus adhuc magis remote accedet ad similitudinem formae agentis; non tamen ita quod participet similitudinem formae agentis secundum eandem rationem speciei aut generis, sed secundum aliqualem analogiam, sicut ipsum esse est commune omnibus. Et hoc modo illa quae sunt a Deo, assimilantur ei, in quantum sunt entia, ut primo et universali principio totius esse.*

Gott nur deshalb vollkommen ist, weil er *actus purus* ist, so ist er nach unsrer Ansicht eigentlich nicht vollkommen; dieß ist er nur deshalb, weil er, um mit Oetinger[1] zu reden, eine Fülle göttlicher Kräfte in sich vereinigt, die unbeschadet ihrer Verschiedenheit durch ein unzerstörliches inneres Band der Einheit zusammengehalten sind, wodurch das göttliche Leben nicht als ein endloses, unbestimmtes Meer, sondern als ein unendlich bestimmter und gegliederter Organismus erscheint. Wie kommt denn aber Thomas zu so einem abstracten Begriff von der Vollkommenheit Gottes? Nach unsrer Ansicht nur deshalb, weil bei ihm die Anschauung von Gott als dem schlechthin Einfachen die Alles beherrschende ist; es ist der Bann des Neuplatonismus, der auf ihm lastet. Zwar findet sich bei Thomas der dem Begriff der göttlichen Vollkommenheit correlate des göttlichen Lebens.[2] Allein dieser ist nicht minder öde. Leben, sagt er, schreiben wir den Dingen zu, sofern sie, von Anderem unbewegt, sich selbst bewegen, aus sich selbst wirken. Den mit Intellect begabten Wesen eignet das Leben in vollkommner Weise, weil sie bei ihrem Sichselbstbewegen das Ziel und den Zweck berücksichtigen, den sie sich selber vorsetzen, also in vollkommenerer Weise sich bewegen als andere Wesen. Dennoch sind auch dem Menschen von Natur gleichsam erste Principien vorgeschrieben, in Bezug auf welche er sich so und nicht anders verhalten kann, und ein letztes Ziel, das er wollen muß. Daher muß Gott, dessen Wesen sein Erkennen ist, und dessen Wesen nicht von einem anderen bestimmt ist, der höchste Grad des Lebens eignen.[3]

Wer sieht nicht, daß hienach das Leben Gottes mit seiner absoluten Unabhängigkeit schließlich zusammenfällt? Es ist nach Thomas kein System im göttlichen Leben, wodurch dieses ein absolut organisches würde, wodurch die Elemente desselben in und durcheinander im tiefsten Einklang stehen und in vollkommenster Harmonie auf und durch einander und zusammen wirken würden. Weil dieser Begriff des göttlichen Lebens dem Thomas fehlt, so kennt er

---

1) Dorner, Lehre von der Unveränderlichkeit Gottes. Jahrbücher für deutsche Theologie. Band 3. Heft 3. 1858. S. 589.
2) *Summa th. P. I, qu. XVIII*.
3) Ebend. *art. III: Illud igitur, cujus sua natura est ipsum ejus intelligere, et cui id quod naturaliter habet non determinatur ab alio, hoc est quod obtinet summum gradum vitae; tale autem est Deus: unde in Deo maxime est vita.*

auch nicht den richtigen Begriff der göttlichen Vollkommenheit. Und wenn nun Thomas die Vollkommenheiten aller Dinge in Gott hineinlegt, so erinnert dieß zwar an die positive Seite des areopagitischen Systems, wonach Gott nicht blos das Eine, sondern auch das Viele und Verschiedene ist, die creatürlichen Verschiedenheiten die guten Ausflüsse der Gottheit sind,[1] und wir gewinnen so einen lebensvolleren, concreteren Begriff der göttlichen Vollkommenheit. Allein Gott ist dann eben nicht an sich der absolut Vollkommene, sondern gewinnt erst durch seine Beziehung auf das creatürliche Sein die Vollkommenheit. Doch noch mehr. Wir behaupten, daß Thomas von seiner Anschauung von Gott als dem sich selbst gleichen unterschiedslosen Einen aus consequenter Weise überhaupt nicht von einer im göttlichen Wesen seienden Vielheit sprechen kann. Denn wenn in Gott selbst kein Analogon der Vielheit ist, nemlich die Mannigfaltigkeit seines Lebens, so kann er auch nicht das Princip der Vielheit im Endlichen sein, weil er nicht das Vorbild dieser Vielheit ist. Nur das System des göttlichen Lebens ist der Grund des Systems des endlichen Seins. Damit wollen wir nicht sagen, daß das im Leben Gottes seiende System dem endlichen System sich selbst dergestalt zu Grunde lege, daß es selber in diesem zur Erscheinung käme; vielmehr nur dieß wollen wir behaupten, daß nur deshalb, weil in Gott ein System des Lebens ist, auch alles Lebendige, das aus der Hand Gottes kommt, den Charakter des Systematischen an sich tragen kann, obschon ein anderes System das Leben der Gottheit und ein Anderes das Weltsystem ist. Weil aber diese Anschauung von dem Leben und der Vollkommenheit Gottes dem Thomas fehlt, so ist es von ihm inconsequent, daß er die Vollkommenheiten der geschöpflichen Dinge in das absolut einfache Wesen Gottes hineinzwängt. Es ist dieß eine Inconsequenz, deren sich Dionysius Areopagita wohl bewußt geworden ist, wenn er schließlich doch wieder behauptet, daß im Göttlichen die Einungen mächtiger seien als die Verschiedenheiten (*De div. nom. 1, 4*), eine Inconsequenz, die schon dem Plotin viel zu schaffen gemacht hatte.[2]

---

1) Baur a. a. O. S. 211 f.
2) s. Zeller a. a. O. S. 440.

c. Die absolute Güte Gottes.

Die Güte, sagt Thomas, kommt Gott vor Allem zu. Denn etwas ist gut, sofern es begehrungswürdig ist; ein jedes aber erstrebt seine Vollkommenheit; nun ist aber die Vollkommenheit und Form der Wirkung ein Abbild der wirkenden Ursache. Daher ist die Ursache selbst begehrungswürdig und hat die Eigenschaft der Güte. Da also Gott die erste wirkende Ursache ist, muß ihm vor Allem die Eigenschaft der Güte zukommen.[1] Sodann bedingt ja die Actualität des Seins den Begriff des Guten; daher strebt Alles dahin, die Actualität des Seins zu gewinnen und zu erhalten und flieht die Corruption; nun ist aber Gott die Actualität selbst, weil er sein Sein ist und jede Potenzialität von sich ausschließt; auf ihn muß also vor Allem das Attribut der Güte Anwendung finden.[2] Und nicht blos überhaupt gut ist Gott, sondern er ist auch das höchste Gut, da er als höchste aller Causalitäten das Gute aller Dinge im eminentesten, keinem anderen Dinge mittheilbaren Grade in sich faßt.[3] Ja noch mehr: das Gute eignet Gott essentiell, er ist seine Güte.[4] Jedes Sciende ist ja gut, sofern es actuell ist; nun aber ist Gott nicht blos actuell, sondern er ist selbst sein Sein, folglich auch seine Güte. Ferner ist die Vollkommenheit eines Dinges seine Güte; legen wir aber Gott Vollkommenheit bei, so thun wir es nicht, weil dieselbe etwas zu seinem Sein Hinzukommendes ist, sondern weil er an sich der Vollkommene ist. Endlich aber ist jedes Gute, welches nicht seine Güte ist, gut durch Participation am Guten; was aber durch Participation die Güte erlangt, setzt etwas voraus von dem es die Bestimmtheit des Gutseins erlangt. Da man nun hier wieder nicht ins Unendliche fortschreiten kann, so muß man zu einem Guten gelangen, dem die Güte wesentlich eignet.[5]

---

1) *Summa th. P I, qu. VI, art. I: Cum Deus sit prima causa effectiva omnium, manifestum est, quod sibi competit ratio boni.*

2) *Contra gent. lib. I, cap. XXXVII, n°. 3: Esse actu boni rationem constituit; unde et per privationem actus potentia consequitur malum, quod est bono oppositum. Deus autem est ens actu, non in potentia. Est igitur vere bonus.*

3) *Summa th. l. c. art. II: Sic enim bonum Deo attribuitur, in quantum omnes perfectiones desideratae effluunt ab eo, sicut a prima causa.*

4) *Summa th. l. c. art. III. Contra gent. lib. I, cap. XXXVIII.*

5) *Contra gent. l. c. n°. 3: Unumquodque bonum, quod non est sua bonitas, participatione dicitur bonum. Quod autem per participationem dicitur bonum, aliquid*

Auch diese Bestimmung vermag den Bann des Neuplatonismus nicht zu brechen. Denn was ist nach Thomas die absolute Güte Gottes? Nichts anderes als seine absolute Causalität, eben so wie der Neuplatonismus das Gute als die Ursache von Allem, oder auch die unendliche Kraft, die Kraft, von der alles herstammt, bezeichnet.[1] Wenn aber so die Güte dem göttlichen Wesen nur wegen seines Verhältnisses zu demjenigen ertheilt werden soll, was von ihm abhängt, so wird uns auch dieses Attribut für eine Wesensbestimmung über dasselbe unbrauchbar. Denn diese Bestimmung beschreibt dann Gott nicht nach seinem Ansich, sondern nach seinem Verhältniß zu dem Gewordenen. Und wenn auch Thomas sagt, die Güte eigne Gotte essentiell, so heißt das nicht, sie sei ein wesentlicher Attribut desselben, wie der christliche Gottesbegriff Gott als sich selbst genügende und nur aus freiem Willen sich nach außen offenbarende Liebe faßt, sondern es wird damit die Güte Gottes mit seinem Sein schlechthin identificirt, in die absolute Einfachheit des göttlichen Seins wieder verschlungen. Güte und Sein sind nicht *secundum rem*, sondern *secundum rationem* verschieden. Die Güte Gottes ist nur das sich aufschließende absolute Sein. So sind wir auch mit dieser Bestimmung nicht über einen höchst abstracten Begriff Gottes hinausgeführt.

d. **Die schlechthinige Unveränderlichkeit und Ewigkeit Gottes.**

Gottes Unveränderlichkeit folgt nach Thomas schon aus seiner Actualität. Denn jede Veränderung setzt Potenzialität voraus.[2] Alles ferner, was bewegt oder verändert wird, erreicht durch diese Bewegung oder Veränderung etwas oder erstreckt sich dadurch auf etwas, worauf es sich vorher nicht erstreckt hat; somit kann ihm als dem absolut Vollkommenen auch aus diesem Grunde keine Bewegung oder Veränderung zukommen.[3] Oder kann man etwa annehmen, daß Gott in

---

ante se praesupponit, a quo rationem suscepit bonitatis. Hoc autem in infinitum non est possibile abire, quia in causis finalibus non proceditur in infinitum: infinitum enim repugnat fini; bonum autem rationem finis habet. Oportet igitur devenire ad aliquod primum bonum, quod non participative sit bonum per ordinem ad aliquid aliud, sed sit per essentiam suam bonum. Hoc autem est Deus. Est igitur Deus sua bonitas.
1) Zeller a. a. O. S. 439.
2) *Summa th. P. I, qu. IX, art. I: Omne quod quocunque modo mutatur, est aliquo modo in potentia. Ex quo patet quod impossibile est Deum aliquo modo mutari.*
3) Ebend. *Omne quod movetur, motu suo aliquid acquirit et pertingit ad illud ad quod prius non pertingebat. Deus autem, cum sit infinitus, comprehendens in se*

der Veränderung etwas verlieren könne? Gewiß nicht. Das würde ja mit der absoluten Einfachheit seines Wesens streiten, da durch die Annahme der Möglichkeit eines Verlustes von seiner Seite schon eine Zusammensetzung in sein Wesen hineingetragen würde.[1] Und zwar eignet diese Unveränderlichkeit Gott ausschließlich. Denn alle übrigen Dinge sind der Veränderung unterworfen, einmal weil sie von Gott ihr Dasein empfangen haben und durch seinen Willen ihr Dasein auch wieder verlieren können,[2] und sodann weil in allen anderen Dingen mit der Actualität die Potenzialität vermischt ist, womit zusammenhängt, daß sie von einem Zustand in den anderen übergehen können.[3]

Wie nun aber mit der absoluten Vollkommenheit Gottes seine absolute Güte in unmittelbarem Zusammenhang steht, so auch mit seiner absoluten Unveränderlichkeit seine Ewigkeit.[4] Zwei Momente aber sind es, die den Begriff der Ewigkeit constituiren: erstlich die Negation aller Begrenztheit des Seins durch Anfang und Ende, und sodann die Negation aller Succession.[5] Nach diesen beiden Seiten

---

omnem plenitudinem perfectionis totius esse, non potest aliquid acquirere, vel extendere se in aliquid ad quod prius non pertingebat. Unde nullo modo sibi competit motus.

1) Ebend. *Omne quod movetur quantum ad aliquid manet, et quantum ad aliquid transit; sicut quod movetur de albedine in nigredinem, manet secundum substantiam; et sic in omni quod movetur attenditur aliqua compositio. Ostensum est autem supra, quod in Deo nulla est compositio, sed est omnino simplex. Unde manifestum est quod Deus moveri non potest.*

2) Ebend. *art. II: Sic igitur per potentiam, quae est in altero, scilicet in Deo, sunt mutabiles, in quantum ab ipso ex nihilo potuerunt perduci in esse, et de esse possunt reduci in non esse.*

3) Ebend. *Si autem dicatur aliquid mutabile per potentiam in ipso existentem, sic etiam aliquo modo omnis creatura est mutabilis. .... Sic igitur in omni creatura est potentia vel secundum esse substantiale, sicut corpora corruptibilia, vel secundum esse locale tantum, sicut corpora coelestia; vel secundum ordinem ad finem et applicationem virtutis ad diversa, sicut in angelis; et universaliter omnes creaturae communiter sunt mutabiles secundum potentiam creantis, in cujus potestate est esse et non esse earum. Unde cum Deus nullo istarum modorum sit mutabilis, proprium ejus est omnino immutabilem esse.*

4) *Summa th. P. I, qu. X. Contra gent. lib. I, cap. XV.*

5) *Summa th. l. c. art. I: Sic ergo ex duobus notificatur aeternitas. Primo ex hoc quod id, quod est in aeternitate, est indeterminabile, id est, principio et fine carens, ut terminus ad utrumque referatur. Secundo per hoc quod ipsa aeternitas successione caret tota simul existens.* — Von der Ewigkeit und der Zeit unterscheidet Thomas mit den Kirchenvätern das Aevum als ein Mittleres zwischen

hin eignet Gott die Ewigkeit. Denn da er schlechterdings unveränderlich ist, so kann er weder einen Anfang noch ein Ende haben, noch kann in ihm ein Unterschied von Früher und Später stattfinden, weil beides nicht ohne Bewegung und Veränderung in ihm möglich wäre. Dieß würde auch damit streiten, daß er das schlechthin nothwendige Wesen ist.[1] Mithin ist Gott ohne Anfang und Ende; er besitzt sein ganzes Sein in absoluter Vollendung, ist die alle Dauer in ununterbrochener Einheit umfassende Gegenwart; kurz, er ist ewig.

Zu dieser Lehre von der Unveränderlichkeit und Ewigkeit Gottes bemerkt Kleutgen in seinem Eifer, den Thomas gegen jeglichen Vorwurf eines pantheistischen oder pantheisirenden Gottesbegriffes zu vertheidigen: „Der Pantheismus freilich kann eine solche absolute Unveränderlichkeit und eine solche über alle Succession erhabene Ewigkeit Gottes nicht behaupten. Denn wenn Gott mit der Welt eins ist, so muß es in ihm einen Proceß des Werdens geben. Das Absolute des Pantheismus ist als Anfang und an sich betrachtet das Bestimmungsloseste, und erst durch den vollendeten Proceß des Werdens, in welchem es sich verwirklicht, das Bestimmte. Dagegen nach Thomas ist das absolute Sein von vornherein durch seine Wesenheit das Allerbestimmteste, und deshalb jeder Verwirklichung unfähig und bedürftig." Was sollen wir hiezu sagen? Allerdings steht Thomas mit seiner Lehre von der Unveränderlichkeit und Ewigkeit Gottes weit entfernt vom logischen Pantheismus eines Hegel; er faßt Gott so unveränderlich und entrückt ihn aller Berührung mit der Zeit so sehr als er nur kann. Allein eine andere Frage ist die, ob ein solcher abstracter Begriff von Unveränderlichkeit und Ewigkeit, der gar keine Bewegung und Succession in Gott zuläßt, nicht ebenso schlimm sei als ein Pantheismus, der Gott ganz in die zeitliche Bewegung hineinwirft. Wir bejahen unbedenklich die Frage vom Standpunkt des christlichen Gottesbegriffes aus, der eben das Mittlere zwischen jenen beiden Extremen ist. Wie kann noch von einer Schöpfung der Welt durch die freie Liebe Gottes, von einem Getragenwerden der endlichen, wan-

---

beiden. Das aber ist nach ihm der Unterschied: die Ewigkeit hat weder Anfang noch Ende; die Zeit hat sowohl Anfang als Ende, das Aevum hat einen Anfang, aber kein Ende. *art. III. IV. V.*

1) *Contra gent. l. c. n°. 4: Deus aeternus est, quum omne necessarium per se sit aeternum.*

delbaren Dinge durch Gott, von einem Eingehen Gottes in die Geschichte der Menschheit die Rede sein, wenn Gott so unveränderlich ist, daß er sich nicht auf etwas erstrecken kann, worauf er sich nicht von Anfang an erstreckt hat, wenn Gottes Ewigkeit so starr gefaßt wird, daß ein Früher oder Später für ihn gar nicht statthat?[1] Wir werden später sehen, wie Thomas, gebunden von diesem starren Begriff von der Unveränderlichkeit Gottes, auch sich geneigt zeigt, eine ewige Schöpfung anzunehmen. Uns genügt es, hier darauf hingewiesen zu haben, wie auch die beiden soeben abgehandelten Bestimmungen über das göttliche Wesen deutlich zeigen, daß Thomas gefesselt vom Neuplatonismus und seiner transcendenten Gottesidee nicht über einen unlebendigen Gottesbegriff zur christlichen Anschauung von dem göttlichen Wesen hinauszukommen vermag.

e. Die Einheit Gottes.[2]

Unter der Einheit Gottes wird hier natürlich nicht die Einheit desselben, welche in ihm mit der Einfachheit zusammenfällt, sondern die numerische Einheit, also die Einzigkeit verstanden. In den Beweisen für dieselbe schließt sich Thomas zunächst an Aristoteles an, indem er von der gleichmäßigen und andauernden Bewegung der Welt ausgeht. Es ist unmöglich, sagt er, daß eine andauernde und das Einzelne regelnde Bewegung von mehreren Bewegern ausgehe; denn wenn sie alle zugleich bewegen, so ist keiner von ihnen ein vollkommener Beweger, sondern sie zusammt vertreten Einen vollkommenen Beweger, der nothwendig vorauszusetzen ist, da das Vollkommene dem Unvollkommenen vorausgeht. Wenn sie aber nicht zugleich bewegen, so bewegen sie abwechselnd; daraus würde aber nicht eine fortdauernde und gleichmäßige Bewegung resultiren, da eine solche nur von Einem Beweger ausgehen kann. Da nun die Bewe-

---

1) Ausführlich handelt Dorner a a. O. über eine solche verkehrte Auffassung der göttlichen Unveränderlichkeit. Dieselbe Schwierigkeit, die wir hier bei Thomas finden, tritt uns auch im System des Aristoteles entgegen. Denn da nach ihm das höchste Wesen schlechthin unbewegt sein soll und weder schaffend noch handelnd thätig ist, so scheint demselben auch keine Einwirkung auf ein Anderes möglich zu sein, während sie doch, da es anderseits das erste Bewegende ist, nothwendig ist. Wie Aristoteles dieser Schwierigkeit zu entgehen sucht durch seine Vorstellung, daß die Form, ohne sich selbst zu bewegen, eine Anziehungskraft auf den Stoff ausübt, sodaß dieser sich ihr entgegenbewegt, vgl. Zeller Bd. 2. Abth. 2. S. 263—280.
2) *Summa th. P. I, qu. XI. Contra gent. lib. I, cap. XLII.*

gung der Welt eine fortdauernde und gleichmäßige ist, so setzt sie Einen Beweger voraus.[1]

Gegen diesen Beweis des Thomas läßt sich einwenden, daß es außer dem Einen Beweger der Welt mehrere andere von ihm unabhängige Wesen geben könne, welche auf diese unsere Welt keinen Einfluß ausüben und etwa Urheber anderer Welten sind. Es bliebe bei einer solchen Annahme immer bestehen, daß alle Wesen, von deren Dasein wir wissen, Einen gemeinsamen Urheber und Beherrscher haben, und man könnte sich hiemit insofern begnügen, als dieser Beweis eben zu dem Zwecke geführt wird, uns zu überzeugen, daß ein höchstes Wesen als der alleinige Regierer dieser uns bekannten Welt anzuerkennen sei. Allein die Wahrheit, daß dieser unser Herr das absolut höchste Wesen und von ihm Alles, was außer ihm Dasein hat, abhängig ist, diese Wahrheit, welche doch nicht nur für die Speculation, sondern auch für die religiöse Verehrung Gottes von großer Bedeutung ist, wäre dann durch keinen strengen Beweis außer Zweifel gestellt. Und es ist daher einzuräumen, daß ein solcher Beweis aus der bloßen Betrachtung der Bewegung dieser Welt unzureichend ist. Daher beschäftigt sich denn auch Thomas vornehmlich mit solchen Beweisen für die Einheit Gottes, die aus der Vollkommenheit und Nothwendigkeit des göttlichen Seins genommen sind. Diese gestalten sich etwa in folgender Weise: 1) Gäbe es mehrere Götter, so müßten dieselben sich von einander unterscheiden, und dieß wäre nur dadurch möglich, daß der eine eine Vollkommenheit besäße, welche dem anderen mangelte. Aber dann wäre dieser andere schon nicht mehr Gott, weil eben Gott als dem absolut Vollkommenen gar keine Vollkommenheit mangeln kann.[2] 2) Wenn es zwei an sich nothwendige Sein gäbe, so müßte, da sie sich doch von einander unterscheiden müssen, dem einen etwas mangeln, was dem anderen eignet, oder beiden müßte eine unterscheidende Eigenthümlichkeit beigelegt werden. So wären sie aber zusammengesetzt, und hörten damit auf, nothwendige Sein zu sein.[3] 3) Das, was in diesem Falle das eine nothwendige Sein von dem anderen unterscheiden würde, müßte auf irgend eine Weise ein

---

1) *Contra gent.* l. c. n°. 3. 4. 6 vgl. Aristoteles *Phys.* 8, 6: Ἀνάγκη, εἶναί τι ἓν καὶ ἀΐδιον τὸ πρῶτον κινοῦν. Δέδεικται γάρ, ὅτι ἀνάγκη ἀεὶ κίνησιν εἶναι. Καὶ τὸ ἀεὶ ὂν συνεχές· τὸ δ᾽ ἐφεξῆς οὐ συνεχές. Ἀλλὰ μήν, εἴγε συνεχής, μία· μία δ᾽, εἰ ὑφ᾽ ἑνὸς κινοῦντος. Εἰ γάρ τι ἄλλο καὶ ἄλλο κινήσει, οὐ συνεχὴς ἡ ὅλη κίνησις.
2) Ebend. n°. 3.   3) Ebend. n°. 7.

Complement der Nothwendigkeit des Seins sein oder aber auch nicht.
Angenommen es wäre nicht ein Complement der Nothwendigkeit des
Seins, so wäre es ein Accidens. Da nun dieß Accidens eine Ursache
haben müßte, so könnte dieselbe entweder in dem Wesen dieses nothwendigen Seins selber oder in etwas anderem gesucht werden. Würde
das Wesen selbst die Ursache sein, so würde, da die Nothwendigkeit
des Seins das Wesen Gottes ausmacht, die Nothwendigkeit des Seins
die Ursache von jenem Accidens sein. Da nun aber die Nothwendigkeit des Seins beiden Sein eignet, so müßte jedes von beiden jenes Accidens haben, und die Unterscheidung beider in Bezug auf jenes würde
wegfallen. Wenn aber die Ursache jenes Accidens etwas anderes ist,
würde eben dieß Accidens nothwendig sein für die Existenz von zwei
nothwendigen Sein, folglich eben keinem von jenem zweifachen Sein
absolute Nothwendigkeit eignen. Würde aber — und dieß ist die andere Möglichkeit — jenes Unterscheidende nothwendig sein zur Nothwendigkeit des Seins, so würde es dieß sein entweder weil es eingeschlossen ist im Begriff der Nothwendigkeit des Seins, oder weil die
Nothwendigkeit des Seins durch jenes specificirt wird. Findet der
erstere Fall statt, so muß, wo überhaupt Nothwendigkeit des Seins ist,
auch jenes sein, was in seinem Begriff liegt, und so würde, da beide
nothwendige Sein sind, wiederum nicht unterschieden werden können.
Findet aber der andere Fall statt, so fällt gleichfalls das Unterscheidende hin. Denn der Unterschied, der das Genus specificirt, ergänzt
nicht den Begriff des Genus, sondern durch jenen Unterschied wird
eben das Genus zum actuellen Sein; so würde also eine Ergänzung der
Nothwendigkeit des Seins in Bezug auf die Actualität des Seins stattfinden. Dieß aber ist unmöglich, weil die Quiddität des nothwendigen
Seins sein Sein ist.[1] 4) Weil nur das Einzelne wirklich sein kann,
so muß auch jedes Wesen, das durch sich und deshalb nothwendig ist,
durch die Nothwendigkeit zu sein seine Einzelnheit, seine individuelle
Bestimmtheit haben. Damit es also mehrere nothwendige Sein gäbe,
müßte in ihnen mit der Nothwendigkeit zu sein die Einzelnheit ver-
vielfältigt werden, was ein Widerspruch ist. Denn jedwedes würde
durch seine Nothwendigkeit die individuelle Bestimmtheit haben und
nicht haben, einzeln sein und nicht einzeln sein.[2] 5) Die mit dem
Namen Gott bezeichnete Natur ist entweder durch sich selbst individuirt oder durch etwas anderes. Wenn durch etwas anderes, so muß

---

1) Ebend. n°. 8.   2) Ebend. n°. 10.

hier eine Zusammensetzung stattfinden. Wenn durch sich selbst, so ist es unmöglich, daß sie einem anderen zukomme, denn das Princip der Individuation kann nicht mehreren gemeinsam sein.[1] 6) Existiren mehrere Götter, so kann die göttliche Natur nicht in jedem derselben gleichmäßig sein. Es muß daher irgend etwas sein, was die göttliche Natur in diesem und jenem unterscheidet. Dieß ist aber unmöglich, weil die göttliche Natur keine Vermehrung und Verminderung zuläßt; auch ist ja die göttliche Natur nicht die Form irgend einer Materie, daß sie könnte getheilt werden, wie die Materie getheilt wird.[2] 7) In jedem Genus sehen wir die Vielheit von der Einheit ausgehen. Deshalb findet sich in jedem Genus ein Erstes, welches das Maß alles zu der Gattung Gehörigen ist; es hängen daher alle diejenigen Dinge, die zu Einem Genus gehören, von Einem ab. Nun kommen aber alle Dinge im Sein überein. Es muß daher nur Ein Sein existiren, welches das Princip aller Dinge ist, und dieß ist eben Gott.[3] Wie in jeder Herrschaft das Regiment nach Einheit strebt, so ist auch das das Universum beherrschende Sein nur Eines. Es ist derselbe Gedanke, mit dem Aristoteles seine Theologie schließt *(Metaph. XII, 10 fin.)*, indem er im Gegensatz zu der Speusippischen Annahme einer Mehrheit von selbständig neben einander stehenden Principien die Homerischen Worte *(Ilias II, 204)* anführt: Οὐκ ἀγαθὸν πολυκοιρανίη· εἷς κοίρανος ἔστω.

f. Die Namen Gottes.[1]

Wie in der Gotteslehre überhaupt, so gehört auch in der des Thomas die Lehre von den göttlichen Namen zu den schwierigeren Punkten. Wir lassen sie daher möglichst vollständig und übersichtlich folgen, um am Schluß unserer Darstellung auch hier das Gebundensein des Thomas durch neuplatonische Anschauungen nachzuweisen.

Es handelt sich zunächst um die Frage, ob Gott überhaupt Namen beigelegt werden können. Thomas bejaht diese Frage. In sich selbst betrachtet, sagt er, ist ja Gott allerdings durchaus zusammensetzungslos und gegensatzlos, so daß wenn wir ihn unmittelbar schauen und so wie er an sich selbst ist erkennen könnten, unser Begriff von ihm ein durchaus einfacher und ein einziger Name es wäre, den wir ihm beilegen würden und der Alles besagte, was

---

1) Ebend. n°. 11.   2) Ebend. n°. 12.   3) Ebend. n°. 16.
4) *Summa th. P. I. qu. XIII. Contra gent. lib. I, cap. XXX—XXXVI.*

Gott ist.¹ Nun erkennen wir aber Gott nicht unmittelbar, sondern nur aus seinen Geschöpfen, als deren unendliches, über sie hinausseiendes Princip.² Auf dem Wege dieser Erkenntniß kann der Verstand nicht bis zu der göttlichen Wesenheit, nicht bis zu dem göttlichen Ansich vordringen, weil das sinnenfällige Sein, das Endliche, der Inbegriff von Producten und Offenbarungen ist, die der Macht und Kraft Gottes nicht gleichkommen. Weil aber die Wirkungen von der Ursache bestimmt sind, so erkennen wir doch aus ihnen, was Gott als der über ihre Wirkungen erhabenen Ursache wesentlich ist.³

Eine weitere Frage, die hier in Betracht kommt, ist die: welche Namen Gott beigelegt werden dürfen. Thomas antwortet: Weil Gott als das Princip alles dessen, was ist, jegliche Vollkommenheit des geschaffenen Seins in sich vereinigen muß, aber auf eminente Weise, so können alle Namen, die eine Vollkommenheit ohne einen Defect und ohne eine Beschränktheit, in der diese in den Geschöpfen ist, aussagen, von Gott prädicirt werden, wie die Güte, Weisheit und dergleichen. Solche Namen dagegen, welche zugleich mit der Vollkommenheit, die sie bezeichnen, auch noch die unvollkommene Art und Weise, wie jene Vollkommenheit den geschöpflichen Dingen zukommt, in ihrer Bedeutung einschließen, dürfen von Gott nicht im eigentlichen, sondern nur im bildlichen, im metaphorischen Sinne prädicirt werden. Denn solche Vollkommenheiten kann Gott nicht nach ihrem eigenthümlichen Begriffe einschließen, weil sie eben nach diesem mit Unvollkommenheit oder Defect verbunden sind und Unvollkommenheit in Gott nicht angenommen werden darf.⁴

---

1) *Contra gent. lib. I, cap. XXXI: Si autem ipsam essentiam prout est possemus intelligere et ei nomen proprium adaptare, uno nomine tantum eam exprimeremus: quod promittitur his, qui eum per essentiam videbunt.*

2) *Summa th. l. c. art. 1: Deus non potest videri per suam essentiam, sed cognoscitur a nobis secundum habitudinem principii et per modum excellentiae et remotionis.*

3) *Ebend. Quia et Deus simplex est et subsistens est, attribuimus ei nomina abstracta ad significandam simplicitatem ejus, et nomina concreta ad significandam subsistentiam et perfectionem ipsius, quamvis utraque nomina deficiant a modo ipsius, sicut intellectus noster non cognoscit eum, ut est, secundum hanc vitam.*

4) *Contra gent. lib. I, cap. XXX: Quaecunque nomina absolute perfectionem absque defectu designant, de Deo praedicantur et aliis rebus; sicut et bonitas, sapientia, esse et alia hujusmodi. Quaecunque vero nomina hujusmodi perfectionem designant cum modo proprio creaturis, de Deo dici non possunt nisi per similitudinem et metaphoram.*

Der Art sind aber all diejenigen Namen, welche eine Species des creatürlichen Seins bezeichnen, ähnlich aber auch die, welche Eigenthümlichkeiten von Dingen bezeichnen, welche ihren Grund in den eigenthümlichen Principien der Species haben.[1] Freilich bezeichnen die Ausdrücke, deren wir uns bedienen, um das göttliche Wesen zu bezeichnen, dasselbe nur auf unvollkommene Weise, weil sie es eben nur so ausdrücken, wie der endliche Verstand es auf der Grundlage der Offenbarung in den geschöpflichen Dingen erkennt.[2] Es ist also hinsichtlich der Ausdrücke, welche wir in der Bezeichnung der göttlichen Vollkommenheiten gebrauchen, stets zu unterscheiden zwischen dem, was damit ausgedrückt wird, und der Art und Weise, wie es ausgedrückt wird. Dasjenige, was damit ausgedrückt wird, kommt Gott ganz im eigentlichen Sinne zu, und wahrer und vollkommener als den geschöpflichen Dingen; was dagegen die Art und Weise betrifft, wie es ausgedrückt wird, so kommt es in dieser Weise im eigentlichen Sinne nur den Geschöpfen zu, während dagegen das Uneigentliche hiebei auf die Seite Gottes fällt.[3]

---

1) Ebend. *Hujusmodi autem sunt nomina omnia ad designandam speciem rei creatae, sicut homo et lapis. Similiter etiam quaecunque nomina proprietates rerum designant, quae ex propriis principiis specierum causantur, de Deo dici non possunt nisi metaphorice.*

2) Ebend. *Intellectus noster ex sensibilibus cognoscendi initium sumens illum modum non transcendit quem in rebus sensibilibus invenit. Sic in omni nomine a nobis dicto quantum ad modum significandum imperfectio invenitur, quae Deo non competit, quamvis res significata aliquo modo eminenti Deo conveniat, ut patet in nomine bonitatis et boni.*

3) Ebend. *Possunt igitur hujusmodi nomina et affirmari de Deo et negari; affirmari quidem propter nominis rationem, negari vero propter significandi modum.* Vgl. Summa th. l. c. art. II: *Hujusmodi quidem nomina significant substantiam divinam et praedicantur de Deo substantialiter, sed deficiunt a repraesentatione ipsius. Quod sic patet: Significant enim sic nomina Deum, secundum quod intellectus noster cognoscit ipsum. Intellectus autem noster, cum cognoscat Deum ex creaturis, sic cognoscit ipsum, secundum quod creaturae ipsum repraesentant. Ostensum est autem supra, quod Deus in se prachabet omnes perfectiones creaturarum, quasi simpliciter et universaliter perfectus. Unde quaelibet creatura in tantum eum repraesentat, et est ei similis, in quantum perfectionem aliquam habet.... Sic igitur praedicta nomina divinam substantiam significant, imperfecte tamen, sicut et creaturae imperfecte eum repraesentant. Cum igitur dicitur: Deus est bonus, non est sensus: Deus est causa bonitatis; vel: Deus non est malus; sed est sensus: Id quod bonitatem dicimus in creaturis, praeexistit in Deo, et hoc quidem secundum modum altiorem.*

Wie steht es nun aber mit dem Verhältniß dieser Namen zu einander? Thomas antwortet auf diese Frage, daß dieselben, obgleich sie das Eine göttliche Wesen bezeichnen, doch nicht synonym sind, weil sie dasselbe nach verschiedenen und mannigfachen Beziehungen hin bezeichnen.[1] Da wir Gott, sagt er, aus den Geschöpfen erkennen, so bildet unser Geist seine Vorstellungen von Gott nach den Vollkommenheiten, die er den Geschöpfen mittheilt. Diese Vollkommenheiten sind in Gott ungetheilt und einfach, aber in den Geschöpfen getheilt und mannigfaltig. Wie also den verschiedenen Vollkommenheiten der Geschöpfe ein einfaches Princip, das durch sie auf verschiedene und mannigfache Weise geoffenbart wird, entspricht, so entspricht auch den verschiednen und mannigfaltigen Vorstellungen unseres Geistes jenes Eine durchaus einfache Wesen, das durch sie auf unvollkommene Weise erkannt wird. Die Namen Gottes sind also nicht gleichbedeutend; denn sie bezeichnen zwar ein und dieselbe Sache, aber stellen sie uns unter verschiedenen Rücksichten vor.[2] Daraus erhellt nun aber auch, daß die verschiedenen Benennungen Gottes keineswegs nichtig sind. Denn obwohl unser Geist nur durch verschiedene Vorstellungen zur Erkenntniß Gottes gelangt, so ist er sich doch dessen bewußt, daß das, was allen diesen Bezeichnungen und Gedanken entspricht, das Eine göttliche Wesen ist. Denn unser Intellect legt die Art und Weise, wie er zur Erkenntniß gelangt, keineswegs den Objecten der

---

1) *Summa th. l. c. art. IV: Nomina Deo attributa, licet significent unam rem, tamen quia significant eam sub rationibus multis et diversis, non sunt synonyma. — Hoc ipsum ad perfectam Dei unitatem pertinet, quod ea, quae sunt multipliciter et divisim in aliis, in ipso sunt simpliciter et unite. Et ex hoc contingit, quod est unus re et multiplex secundum rationem, quia intellectus noster ita multipliciter apprehendit eum, sicut res multipliciter ipsum repraesentant.*

2) *Contra gent. lib. I, cap. XXXV: Sicut diversae res uni simplici rei, quae Deus est, similantur per formas diversas; ita intellectus noster per diversas conceptiones ei aliqualiter similatur, in quantum per diversas rationes sive perfectiones creaturarum in ipsum cognoscendum perducitur: et ideo de uno intellectus noster multa concipiens non est falsus neque vanus: quia illud simplex esse divinum hujusmodi est, ut ei secundum formas multiplices aliqua assimilari possint, ut supra ostensum est. Secundum autem diversas conceptiones diversa nomina intellectus adinvenit, quae Deo attribuit; et ita cum non secundum eandem rationem attribuantur, constat ea non esse synonyma, quamvis rem omnino unam significent: non enim est eadem nominis significatio, cum nomen per prius conceptionem intellectus quam rem intellectam significet.*

Erkenntniß bei; so schreibt er z. B. dem Stein keine Immaterialität zu, obwohl er auf immaterielle Weise zu dessen Erkenntniß gelangt. Deshalb hält unser Intellect auch die Einfachheit Gottes fest, obwohl er zur Erkenntniß Gottes nur *per verbalem compositionem* gelangt. Wir wissen, daß alle dem, was wir durch verschiedene Vorstellungen und insofern als Verschiedenes denken, in Gott ein Einfaches entspricht, und daß jene Weise, Gott durch verschiedene Begriffe zu denken, nicht in Gottes Sein, sondern darin seinen Grund hat, daß unser Geist nur auf eine seinem Sein entsprechende Weise denken kann. Deshalb ist unser Denken von Gott zwar ein unvollkommenes, aber kein falsches. Die Composition eignet nur dem Intellecte, während dagegen die Einheit und Einfachheit dem Objecte der Erkenntniß eignet.[1]

Schließen wir nun aber auch von den geschöpflichen Dingen auf Gott, den Einfachen, zurück, so ist doch wohl zu beachten, daß wenn auch gewisse Eigenschaften von Gott und den geschöpflichen Dingen zugleich prädicirt werden, diese Prädication doch nie eine gleichbedeutende sein kann.[2] So sehr die Namen, welche die den geschöpflichen Dingen mitgetheilten Vollkommenheiten absolut d. h. ohne Bezeichnung der Beschränktheit, in welcher sie in den Geschöpfen sind, ausdrücken, Gott im eigentlichen Sinne bezeichnen, insofern nämlich der eigentliche Sinn dem bildlichen oder figürlichen entgegengesetzt ist, so wenig können sie von Gott in demselben Sinn, wie von den Geschöpfen ausgesagt werden. Denn die Wirkung, welche hinsichtlich der Art nicht eine Form annimmt, welche derjenigen ähnlich ist, wodurch die wirkende Ursache wirkt, kann den Namen, der von jener Form entnommen ist, nicht *secundum univocam praedicationem* erhalten, wie z. B. das von der Sonne erzeugte Feuer und die

---

1) *Contra gent. lib. I, cap. XXXVI: Quamvis intellectus noster in Dei cognitionem per diversas conceptiones deveniat, intelligit tamen id quod omnibus eis respondet omnino esse unum. Non enim intellectus modum, quo intelligit, rebus attribuit intellectis, sicut nec lapidi immaterialitatem, quamvis eum immaterialiter cognoscat: et ideo rei unitatem proponit per compositionem verbalem, quae est identitatis nota, cum dicit: Deus est bonus vel bonitas: ita quod si qua est diversitas in compositione, ad intellectum referatur; unitas vero ad rem intellectam; et ex hac ratione quandoque intellectus noster enuntiationem de Deo format cum aliqua diversitatis nota, praepositionem interponendo, ut cum dicitur: Bonitas est in Deo: quia in hoc designatur aliqua diversitas, quae competit intellectui, et aliqua unitas, quam oportet ad rem referre.*

2) *Summa th. l. c. art. V. Contra gent. lib. I. cap. XXXII.*

Sonne nicht in dem nämlichen Sinne heiß genannt wird. Die Formen aber der Dinge, welche Gott zur Ursache haben, können nicht heran an die Art der göttlichen Kraft, da sie ja in getheilter und einzelner Weise das besitzen, was Gottes einfaches Wesen in sich vereinigt. Ferner ist ja das, was von Mehreren in gleicher Weise prädicirt wird, entweder das Genus oder die Species oder ein Accidens oder ein Eigenthümliches. Da aber von Gott weder Genus noch Differenz noch Species, die aus Genus und Differenz constituirt wird, noch auch Accidens oder ein Eigenthümliches, was ja zum Genus des Accidentiellen gehört, ausgesagt werden kann, so folgt daraus, daß von Gott und den geschöpflichen Dingen nichts in gleicher Bedeutung prädicirt werden kann, daß also jene Eigenschaftsbegriffe, von Gott und vom endlichen Sein ausgesagt, nicht nur dem Grade, sondern auch der Art ihres Seins, ihrer Beschaffenheit nach sehr verschieden sind.

Steht nun aber fest, daß von Gott und den geschöpflichen Dingen nichts in gleicher Bedeutung prädicirt werden kann, so beruht doch auch diese gemeinsame Prädication nicht auf bloßer Aequivocation, wonach blos der nackte Name beiderseits gleich wäre, und nur zufälliger Weise dieser Eine Name beiderseits gebraucht würde.[1] Denn diejenigen Dinge, die nur zufällig äquivok sind, stehen in gar keinem Verhältniß zu einander; es müßte also, wenn man hier eine bloße Aequivocation annehmen wollte, vorausgesetzt werden, daß zwischen Gott und den Geschöpfen gar kein Verhältniß der Aehnlichkeit stattfindet, während doch in der That die Geschöpfe im Verhältniß der abbildlichen Aehnlichkeit zu Gott stehen, und gerade hierauf die Möglichkeit und Berechtigung einer gemeinsamen Prädication beruht. Würden jene Namen doppelsinnig sein, etwas anderes in den Geschöpfen und etwas anderes in Gott bedeuten, so würde auch die Möglichkeit aufgehoben werden, Gott aus den Geschöpfen zu erkennen. Wir wüßten dann wohl, was die Namen bei den Creaturen zu bedeuten haben, nicht aber, was wir damit von Gott aussagen, wenn wir ihm dieselben Namen beilegen.[2] Somit herrscht also keine reine und zufällige Zweideutigkeit in den Bezeichnungen, welche wir von den Geschöpfen auf den Schöpfer übertragen.

Ist nun aber die gemeinsame Prädication weder eine univoke noch eine aequivoke, so bleibt nur noch übrig, daß sie eine analoge *(se-*

---

1) *Contra gent. lib. I, cap. XXXIII.*
2) Ebend. n°. 6. vgl. *Summa th. l. c. art. V: Secundum hoc ex creaturis nihil posset cognosci de Deo nec demonstrari, sed semper incideret fallacia aequivocationis.*

cundum analogiam i. e. proportionem) ist[1] d. h. daß jene Namen nicht in demselben, aber auch nicht in ganz anderem, sondern in ähnlichem Sinne zu verstehen sind. Die analoge Prädication kann nämlich da erfolgen, wo mehrere Dinge in Beziehung zu Einem stehen, dessen Begriff in allen wiederkehrt, wie in Beziehung auf die Eine Gesundheit das lebende Wesen gesund genannt wird als das Subject der Gesundheit, die Medicin als deren bewirkende Ursache, die Speise als deren Erhaltungsmittel. Sie kann aber auch da eintreten, wo von zwei Dingen das eine zu dem anderen in Beziehung gesetzt wird, wie das Sein von Substanz und Accidens ausgesagt wird, insofern das Accidens zur Substanz in Beziehung steht, nicht insofern Substanz und Accidens zu einem dritten in Beziehung gesetzt werden. Die erstere Art der analogen Prädication ist in unserem Falle unmöglich, da man sonst etwas setzen müßte, was früher wäre als Gott; sondern die letztere. Bei einer solchen analogen Prädication entspricht nun bisweilen die Reihenfolge in der Benennung dem Thatbestand, bisweilen nicht.[2] Denn die Benennung richtet sich in ihrer Reihenfolge der Reihenfolge im Erkennen. Wenn daher dasjenige, was früher ist nach dem Thatbestand, auch in der Erkenntniß als das Frühere sich findet, so ist dasselbe nicht nur der Natur der Sache, sondern auch der Benennung nach das Frühere. So ist die Substanz nicht nur der Sache nach früher als das Accidens, sondern auch der Erkenntniß nach, indem die Substanz eingeschlossen ist in der Definition des Accidens. Wenn aber dasjenige, was das Frühere nach dem Thatbestand, nach der Wirklichkeit ist, als das Spätere in die Erkenntniß fällt, dann folgt die analoge Prädication nicht dem Thatbestand, sondern dem Erkenntnißproceß. So ist z. B. die Heilkraft der Heilmittel in Wirklichkeit früher als die Gesundheit der Creatur, weil sie sich eben zu dieser verhält wie die Ursache zur Wirkung. Aber weil wir jene Heilkraft erst aus der Wirkung erkennen, so geht die Benennung von dieser aus. So verhält es sich auch in unserm Fall. Obwohl Gott früher ist als die anderen Dinge, so geht doch, weil wir Gott nur aus seinen Wirkungen zu erkennen vermögen, die Prädication von den geschöpflichen Dingen aus und auf Gott über.[3]

---

1) *Contra gent. lib. I, cap. XXXIV.* vgl. *Summa th. l. c. art. V.*

2) *Contra gent. l. c. In hujusmodi autem analogica praedicatione ordo attenditur idem secundum nomen et secundum rem quandoque, quandoque vero non.*

3) *Contra gent. l. c. Quia ex rebus aliis in Dei cognitionem pervenimus, res nominum de Deo et rebus aliis dictorum per prius est in Deo secundum suum modum,*

Ueberblicken wir nun alle diese Aussagen über die Namen Gottes, so haben wir gesehen 1) daß wir Gott Namen beilegen dürfen, 2) daß dieselben das göttliche Wesen unter einzelnen Rücksichten darstellen, 3) daß Gott an sich betrachtet durchaus einfach und zusammensetzungslos ist. So kommt denn Thomas auch hier wieder auf die schlechthinige Identität Gottes mit sich selbst und seine absolute Einfachheit zurück. Er läßt keinen Unterschied unter den göttlichen Eigenschaften und dieser vom Wesen Gottes zu, sondern führt sie auf die verschiedenen Gesichtspunkte zurück, unter welchen der Mensch das an sich Eine unterschiedslose Wesen Gottes auffaßt. Aber diese Anschauung ist gewiß nicht richtig. Vor Allem haben wir die göttlichen Eigenschaften vom göttlichen Wesen wohl zu unterscheiden, wenn auch nicht zu trennen, als ob sie Accidenzien desselben wären. Die göttlichen Eigenschaften sind vielmehr so sehr die inneren Bestimmtheiten des göttlichen Wesens, daß sie selbst die Wesenheiten des Wesens der Gottheit genannt werden könnten. Aber sie sind eben auch innere Bestimmtheiten des göttlichen Wesens. Das göttliche Wesen liegt ihnen zu Grunde, sie sind die aus ihm herausgesetzten Bestimmtheiten und daher von ihm zu unterscheiden. Damit ist auch das Andere gegeben, daß nemlich unter den Eigenschaften selbst ein Unterschied zu statuiren ist, daß sie nie mit einander verwechselt werden dürfen, weil keine ausdrückt was die andere ausdrückt, nie die göttliche Allmacht nach dem rechten Begriffe die göttliche Weisheit, und nie die göttliche Liebe die göttliche Gerechtigkeit ist. So müssen wir sagen: In Gott besteht allerdings ein Unterschied zwischen Wesen und Eigenschaft und zwischen den Eigenschaften untereinander, insofern nemlich das göttliche Wesen eine absolute Fülle von Bestimmungen in sich trägt, die obschon unter sich harmonirend und ein Ganzes bildend dennoch nie miteinander vermischt und confundirt werden dürfen. Das Eine göttliche Wesen bestimmt sich sowohl zu dieser als zu jener Eigenschaft, ohne dadurch aufzuhören, das Eine zu sein. Bei Thomas dagegen werden alle Eigenschaftsbegriffe zuletzt wieder verschlungen in die abstracte Tiefe des absoluten Seins; das allein Wahre ist doch nur die absolute Einfachheit Gottes

---

sed ratio nominis per posterius: unde et nominari dicitur a suis causatis. vgl. *Summa th. l. c. art. VI: Dicendum est, quod quantum ad rem significatam per nomen per prius dicuntur de Deo quam de creaturis, quia a Deo hujusmodi perfectiones in creaturas manant; sed quantum ad impositionem nominis per prius a nobis imponuntur creaturis, quas prius cognoscimus.*

und trotz der ausführlichen Exposition über die göttlichen Namen bleibt es bei der inneren Armuth des göttlichen Wesens. Thomas vermag auch hier nicht die Lebendigkeit des christlichen Gottesbegriffes neuplatonischen Anschauungen gegenüber festzustellen und zu retten. Die absolute Einfachheit und Zusammensetzungslosigkeit als Grundanschauung von Gott festgehalten, muß eben mit Nothwendigkeit alle Bestimmungen in dessen Wesen vernichten. Thomas nimmt hier denselben Standpunkt ein, auf den sich später Schleiermacher gestellt hat, wenn er den speculativen Gehalt aller in der christlichen Glaubenslehre aufzustellenden Eigenschaften schon deshalb leugnete, weil sie mehrere seien, und weil jede von ihnen, sollten sie als solche eine Erkenntniß des göttlichen Wesens darstellen, etwas in Gott ausdrücken müßte, was die andere nicht ausdrückt, und so der Gegenstand der Erkenntniß ebenso wie diese selbst ein zusammengesetzter sein würde. (Glaubenslehre I. § 50. S. 283).

Bis hieher glauben wir unsren zu Anfang unserer Darstellung gegen Thomas erhobenen Vorwurf eines durch neuplatonische Grundanschauungen gefesselten abstracten und unlebendigen Gottesbegriffes gerechtfertigt zu haben. Wenn wir nun die Bestimmungen über das Wissen und Wollen Gottes folgen lassen müssen, so scheinen wir schon dadurch, daß Thomas überhaupt Gott Wissen und Wollen zuschreibt, mit unsrem Vorwurf zurückgewiesen zu sein, da ja beides die Momente der Persönlichkeit sind. Dennoch hoffen wir auch diesen Bestimmungen gegenüber unsere Anklage aufrecht erhalten zu können.

g. Das Erkennen Gottes.[1]

Die Argumente, die Thomas für die absolute Intelligenz Gottes aufstellt, sind folgende: Da Gott das höchste *movens immobile* ist, so ist er auch das sich selbst bewegende *mobile primum*, dessen Vorzug vor allem anderen Beweglichen darin besteht, daß es von selbst bewegt wird. Nach Analogie der irdischen Erfahrung geht nun jede Bewegung aus einem Begehren nach einem über die respective Begabung erhobenen Gute hervor. Nun ist das intellective Begehren das höchste; mithin muß das *mobile primum* als intellectiv begehrend gedacht werden, und dieß Begehren ist die Ursache seiner Bewegung.[2] Dasselbe ergibt sich auch daraus, daß der Grund der

---

1) *Summa th. P. I, qu. XIV. Contra gent. lib. I. cap. XLIV.*
2) *Contra gent. l. c. n°. 1.*

Erkenntnißfähigkeit eines Wesens überhaupt dessen Immaterialität ist. Ein Wesen ist in dem Grade vollkommen als es die dem Materiellen eignende Unvollkommenheit überwindet. Der Engel ist in seinem Sein und Wirken von der Materie vollkommen frei, und darum ist das Immaterielle oder Intelligible (das geschaffene jedoch) der ihm entsprechende Gegenstand. Diesen erkennt er zunächst und unmittelbar, und nach der Analogie und dem Gegensatz mit demselben sowohl die Körperwelt unter ihm als auch das göttliche Sein über ihm. Die menschliche Vernunft aber ist weder an die Materie wie der Sinn gebunden, so daß sie in einem Organ des Leibes thätig wäre, noch aber von der Materie frei, wie der reine Geist. Denn sie ist das Vermögen eines Geistes, der zugleich die Lebensform des Leibes ist. Daher ist auch der ihr eigne Gegenstand weder das Immaterielle noch auch das Materielle als solches, sondern vielmehr das Immaterielle in dem Materiellen, das Intelligible in dem Sinnlichen. Gott dagegen ist durchaus immateriell; deshalb muß auch sein Erkennen über das Erkennen des geschaffenen Geistes erhaben sein.[1] Gehört ja doch auch die Intelligenz zur Vollständigkeit der göttlichen Vollkommenheit, und darf sie doch dem Allervollkommensten am wenigsten fehlen, da sie die höchste unter den Vollkommenheiten der geschaffenen Wesen ist.[2] Auf dieselbe Erkenntniß führt uns nun aber auch die Zwecktätigkeit, die dem Geschaffenen eignet. Die natürlichen Dinge streben nach bestimmten Zielen; würde dieß nicht der Fall sein, so würden sie nur selten einen Nutzen erreichen, weil dieß dann eben Sache des reinen Zufalls wäre. Nun sind aber die Naturwesen entweder ohne alle Erkenntniß oder wenigstens ohne jene, welche nöthig ist, um sich selbst Zwecke zu setzen. Sie müssen also durch einen andern zu ihrem zweckmäßigen Wirken bestimmt werden. Und weil dieß Wirken in ihrer Natur selbst seinen Grund hat, so kann jener andere nur derjenige sein, welcher Urheber ihres Daseins ist. Bestimmt aber Gott die Zwecke der Natur, so muß er mit Bewußtsein und Einsicht wirken.[3] Richten wir sodann unsre Aufmerksamkeit auf die Wesen, die mit Vernunft begabt sind, so haben diese zwar einen gewissen Wirkungskreis, in dem sie sich mit Freiheit bewegen, sind aber nichts desto weniger von dem Unwandelbaren abhängig, durch

---

1) Ebend. *no. 4* vgl. *Summa th. P. I, qu. LXXXV, art. 1.*
2) Ebend. *no. 5.* 3) Ebend *no. 8.*

den alles, was sich verändert, bewegt wird. Wenn deshalb alle Bewegung und Thätigkeit der intellectuellen Wesen von ihm ausgeht, so kann er unmöglich selbst ohne diese Thätigkeit sein. Denn wo immer eine Ordnung unter Thätigen besteht, da ist das Vernunftlose dem Vernünftigen, das Vernünftige aber nicht dem Vernunftlosen, sondern einer höheren Vernunft untergeordnet. Deshalb muß Gott als der erste Beweger auch der intelligenten Wesen selbst intelligent sein.[1] Die Anerkenntniß dessen legt sich dem menschlichen Verstande so nahe, daß schon von Alters her vorzüglich diese Vollkommenheit zur sprachlichen Bezeichnung des göttlichen Wesens gewählt worden ist.[2]

Hieran reiht Thomas die überaus wichtige Bestimmung an, daß **Gottes Erkennen sein Sein ist**. Dieß ergibt sich ihm aus der Grundbestimmung Gottes als des *actus purus*, der reinen, ewig in sich selbst vollendeten Wirklichkeit. Gott kann das Denken vermöge seiner absoluten Actualität nicht als bloße Potenz an sich haben. Denn da das Denken ein Act des Denkenden ist, so würde Gott, wenn er zwar intelligent, aber nicht sein Denken wäre, zur wirklichen Thätigkeit des Denkens oder Erkennens sich potentiell verhalten, während doch bei ihm von keiner Potenzialit die Rede sein kann.[4] Es müssen daher in ihm nicht nur Wesenheit und Sein, sondern auch Wesenheit und Vermögen, Vermögen und Wirken zusammenfallen.[5] In ihm ist das Erkennen nicht Erscheinung, sondern Wesenheit, die göttliche Vernunft also nicht Vermögen, sondern reine Wirklichkeit des Erkennens. Hieraus folgt nun sogleich, daß **Gott durch keine andere intelligible Species erkennt als durch seine Wesenheit**.[6] Die intelligiblen Species sind

---

1) Ebend. n⁰. 3.
2) Ebend. gegen Ende: *Hujus autem fidei veritas tantum apud homines invaluit, ut ab intelligendo nomen Deo imponerent. Nam* Θεός, *quod secundum Graecos Deum significat, dicitur a* θεᾶσθαι, *quod est considerare vel videre.*
3) *Summa th. P. I, qu. XIV, art. IV. Contra gent. lib. I, cap. XLV.*
4) *Contra gent.: l. c. n⁰. 4: Intelligere est actus intelligentis. Si igitur Deus est intelligens, et non sit suum intelligere, oportet quod comparetur ad ipsum sicut potentia ad actum; et ita potentia erit in Deo et actus; quod est impossibile.*
5) Ebend. n⁰. 2: *Intelligere comparatur ad intellectum sicut esse ad essentiam. Sed esse divinum est ejus essentia, ut supra probatum est. Ergo intelligere divinum est ejus intellectus. Intellectus autem divinus est Dei essentia: alias esset accidens Deo. Oportet igitur quod intelligere divinum sit ejus essentia.*
6) *Summa th. l. c. art. II. Contra gent. lib. I, cap. XLVI.*

nämlich die Formalprincipien der Erkenntnißthätigkeit, wie die Form einer jeden wirkenden Ursache das Princip ihrer Thätigkeit ist. Sie sind die ersten Principien der Vermittlung im menschlichen Denken; ihre Präsenz im menschlichen Intellecte ist die erste unerläßliche Bedingung der Entstehung einer bestimmten Erkenntniß; die im Intellect präsente intelligible Species ist dasjenige, woraus die Erkenntniß wird; und erst mittelbar durch Reflexion wird auch sie zum Objecte der Erkenntniß. Die Erkenntnißthätigkeit Gottes nun ist sein Wesen; es würde daher etwas anderes das Princip der göttlichen Wesenheit sein, wenn die göttliche Erkenntniß durch eine andere intelligible Species als durch das göttliche Wesen sich vermitteln würde; oder mit anderen Worten: Ist Gott wesentlich das Erkennen selber, so erkennt er durch nichts anderes als durch sich selbst; denn außergöttliche Principien des göttlichen Erkennens müßten zugleich auch außergöttliche Principien der göttlichen Wesenheit sein.[1] Auch wird durch die intelligible Species der Intellect erst actuell denkend; es verhält sich daher die intelligible Species zum Intellect wie die Actualität zur Potenzialität. Würde daher der göttliche Intellect durch eine andere intelligible Species als sich selbst erkennen, so müßte er sich zu dieser potentiell verhalten.[2] Außerdem existirt ja die intelligible Species im Intellecte neben seinem Wesen; sie hat ein accidentielles Sein. Da nun von Gott jedes Accidens ausgeschlossen ist, so kann in seinem Intellecte keine Species sein als das göttliche Wesen selbst.[3]

Welches sind nun aber die Objecte des göttlichen Erkennens? Thomas antwortet, daß Gott vor Allem und in erster Linie sich selbst erkenne, und zwar sei diese Selbsterkenntniß Gottes eine ganz vollkommene, sodaß Gott sich selbst vollkommen begreife.[4] Die Vollkommenheit der Erkenntniß ist nemlich nach Thomas durch ein doppeltes bedingt: einerseits dadurch, daß die intelligible Species vollkommen conform ist dem Erkenntnißgegenstande und alles in sich schließt, was in diesem erkennbar ist, und andrerseits dadurch, daß diese intelligible Species vollkommen mit

---

[1] *Contra gent. l. c. n°. 1: Species intelligibilis principium formale est intellectualis operationis. Divina autem operatio intellectualis est ejus essentia. Esset igitur aliquid aliud divinae essentiae principium et causa, si alia intelligibili specie quam sua essentia intellectus divinus ageret.*
[2] Ebend. n°. 2.   [3] Ebend. n°. 3.
[4] *Summa th. l. c. art. II, III. Contra gent. lib. I, cap. XLVII.*

dem Verstande geeinigt ist, was in um so höherem Grade stattfindet, mit je größerer Energie sich das Denken vollzieht. Nun aber ist in Gottes Selbsterkenntniß einerseits vollkommene Conformität der intelligiblen Species mit dem Erkenntnißgegenstande, weil ja beide identisch sind, und andrerseits ist auch die intelligible Species auf das Innigste mit dem göttlichen Verstande verbunden, weil ja Gottes Wesenheit, welche die intelligible Species selbst ist, mit dem göttlichen Verstande, dessen intelligible Species sie ist, gleichfalls in eins zusammenfällt. Folglich muß Gott sich selbst vollkommen begreifen; alles, was in ihm erkennbar ist, muß von ihm auch wirklich erkannt sein; seine Selbsterkenntniß muß vollständig adäquat sein seiner Wesenheit.[1]

In zweiter Linie erkennt aber Gott auch Anderes, was nicht er selber ist.[2] Denn wer die Ursache erkennt, muß auch die Wirkung erkennen, welche jene möglicher Weise hervorbringen kann; erkennt er diese nicht, dann hat er auch keine vollkommene Erkenntniß der Ursache als solcher, weil der Begriff der Ursächlichkeit ein relativer Begriff ist, und daher die Erkenntniß der Ursache als solcher nothwendig auch die Erkenntniß ihres Correlates, der Wirkung einschließt. Wenn also Gott sich selbst als die Ursache der anderen Dinge, welche nicht er selbst sind, vollkommen erkennt, so muß er auch diese Dinge erkennen.[3] Dieß um so mehr, als diese Wirkungen in ihrer Ursache auf eine intelligible Weise präexistiren müssen, in Gott aber nichts sein kann, was er nicht wirklich erkennt.[4] Diese Erkenntniß der anderen Dinge ist nun

---

1) *Contra gent. l. c. Quum enim per speciem intelligibilem intellectus in rem intellectam feratur, ex duobus perfectio intellectualis operationis dependet. Unum est, ut species intelligibilis perfecte rei intellectae conformetur. Aliud est, ut perfecte intellectui conjungatur: quod quidem tanto fit amplius, quanto intellectus in intelligendo majorem efficaciam habet. Ipsa autem divina essentia, quae est species intelligibilis, qua intellectus divinus intelligit, est ipsi Deo penitus idem, estque intellectui ipsius idem omnino. Id ipsum igitur Deus perfectissime cognoscit.*
2) *Summa th. 1. c. art. V, Contra gent. lib. I. cap. XLIX.*
3) *Contra gent. l. c. n°. 1: Effectus cognitio sufficienter habetur per cognitionem suae causae. Unde scire dicimur unumquodque, quum causam ejus cognoscimus. Ipse autem Deus est per suam essentiam causa essendi aliis. Cum igitur suam essentiam plenissime cognoscat, oportet ponere, quod etiam alia cognoscat.*
4) *Ebend. n°. 2: Similitudo omnis effectus in sua causa aliqualiter praeexistit, quum omne agens agat sibi simile. Omne autem, quod est in aliquo, est in eo per modum ejus in quo est. Si igitur Deus aliquarum rerum est causa, quum ipse sit*

aber in Gott nicht eine blos allgemeine, unbestimmte, etwa so beschaffen, daß Gott die Dinge nur allgemein als Dinge erkennt, sondern Gott erkennt die Dinge nach ihrem eigenthümlichen Wesen und ihrer eigenthümlichen Beschaffenheit. Die göttliche Erkenntniß muß ja in jeder Beziehung die vollkommenste sein; sie wäre es aber nicht, wenn Gott die Dinge nur unbestimmt und im Allgemeinen erkennen würde. Denn da würden ihm gerade jene Eigenthümlichkeiten der besonderen Dinge verborgen bleiben, durch welche deren besonderes Wesen constituirt wird.[1] Sodann aber schließt die vollkommene Erkenntniß einer besonderen Natur die Erkenntniß ihrer Communicabalität in sich. Die göttliche Natur aber ist communicabel, mittheilbar, zwar nicht an sich, aber doch nach der Aehnlichkeit, sofern nemlich die anderen Dinge ihr mehr oder weniger ähnlich sind. Daher muß Gott, weil er seine Natur vollkommen erkennt, auch wissen, auf welche Weise die anderen Dinge eine Aehnlichkeit mit seiner Wesenheit haben können; und da die Aehnlichkeit durch die Form bedingt ist, so muß er die Dinge nach ihren eigenthümlichen Formen erkennen.[2]

Thomas sucht nun aber auch die Frage zu beantworten, wie die Vielheit der erkannten Dinge im göttlichen Intellect existire.[3] Er geht dabei von der Analogie mit dem menschlichen Intellecte aus. Es ist, sagt er, vor Allem zu beachten, daß das von uns Erkannte nicht *secundum propriam naturam* in unsrem Intellect existirt, sondern daß nur eine Species desselben ihm einwohnt, so zwar, daß das Erkennen selbst nicht eine Handlung ist, die in das erkannte Object übergeht, wie das Erwärmen auf das Erwärmte, sondern daß das Erkennen im erkennenden Subject bleibt und nur eine Beziehung zu dem Objecte hat. Weiter ist zu beachten, daß der durch die Species des Objectes formirte Intellect

---

secundum suam naturam intellectualis: similitudo causati in eo erit intelligibiliter; quod autem in aliquo est per modum intelligibilem, ab eo intelligitur. Deus igitur res alias a se ipso vere cognoscit.
1) *Contra gent. lib. I, cap. IV. n°. 1. 4.*
2) *Contra gent. l. c. n°. 8.* vgl. *Summa th. l. c. art. VI: Propria natura uniuscujusque consistit secundum quod per aliquem modum divinam perfectionem participat. Non autem Deus perfecte se ipsum cognosceret, nisi cognosceret quomodocunque participabilis est ab aliis sua perfectio. Nec etiam ipsam naturam essendi perfecte sciret, nisi cognosceret omnes modos essendi. Unde manifestum est, quod Deus cognoscit omnes res propria cognitione, secundum quod ab aliis distinguuntur.*
3) *Contra gent. lib. I, cap. LI.*

durch das Erkennen in sich eine gewisse Intention des erkannten Gegenstandes bildet, und das ist der Begriff, den die Definition ausdrückt. Dieß ist deßhalb nothwendig, weil der Intellect ohne Unterschied einen abwesenden und anwesenden Gegenstand erkennt, worin die Imagination mit dem Intellecte übereinstimmt, während dagegen der Intellect das voraus hat, daß er einen Gegenstand auch zu erkennen vermag als getrennt von den materiellen Bedingungen, ohne die er in der Wirklichkeit gar nicht existirt, was gar nicht der Fall sein könnte, wenn der Intellect sich nicht einen Begriff bilden würde. Dieser Begriff ist aber als das Resultat der Erkenntnißthätigkeit verschieden von der intelligiblen Species, die den Intellect zum actuellen macht und das Princip der Erkenntnißthätigkeit bildet, obwohl beides ein Abbild des erkannten Objectes ist. Der göttliche Intellect erkennt aber durch keine andere Species als durch sein eigenes Wesen, das zugleich ein Abbild aller Dinge ist. Daraus folgt, daß die Conception des göttlichen Intellects, d. h. das göttliche Wort nicht blos ein Abbild Gottes selbst ist, sondern auch ein Abbild von Allem, dessen Urbild das göttliche Wesen ist. So also kann durch Eine intelligible Species, welche das göttliche Wesen ist, und durch Eine Intention, welche das göttliche Wort ist, die Vielheit der Dinge von Gott erkannt werden. So erkennt also Gott nicht durch eine Vielheit von intelligiblen Erkenntnißformen, so bildet er nicht mehrere Intentionen. Durch seine Wesenheit erkennt er sich und Anderes, und folglich ist auch die Intention, welche das Resultat dieser seiner Erkenntnißthätigkeit ist, das göttliche Wort, zugleich das Gleichbild der göttlichen Wesenheit und das Vorbild alles Anderen. Und darin besteht die Einheit der göttlichen Erkenntniß.[1] Damit ist unmittelbar gegeben, daß die Vielheit nicht der Erkenntniß eignet, sondern dem Erkannten,[2] aber auch, daß Gott alle Dinge zugleich erkennt,[3] und zwar so, daß diese

---

[1] *Contra gent. l. c. Intellectus divinus nulla alia specie intelligit quam essentia sua, quae tamen essentia sua est similitudo omnium rerum. Per hoc ergo sequitur, quod conceptio intellectus divini, prout semet ipsum intelligit, quae est Verbum ipsius, non solum sit similitudo ipsius Dei intellecti, sed etiam omnium, quorum est divina essentia similitudo. Sic ergo per unam speciem intelligibilem, quae est divina essentia, et per unam intentionem intellectus, quae est Verbum divinum, multa possunt a Deo intelligi.*

[2] *Contra gent. lib. I, cap. LIV.* [3] *Contra gent. lib. I, cap. LV.*

Erkenntniß Gottes eben darum keine habituelle ist.[1] Eignet aber Gott kein successives, so darf ihm auch kein discursives oder ratiocinatives Erkennen zugeschrieben werden, was schon daraus folgt, daß jedes discursive Erkennen etwas von Potenzialität und Actualität an sich hat, da die Schlüsse in den Principien nur potenziell enthalten sind, während von Gott jede Potenzialität ausgeschlossen ist.[2]

So gewiß nun aber, wie wir gesehen haben, Gott alles Einzelne unter dem Seienden erkennt, so gewiß erkennt er auch das Nichtseiende, also nur Mögliche. Gott erkennt ja das Andere, was nicht er ist, durch sein Wesen, insofern dasselbe das Urbild alles dessen ist, was von ihm ausgeht. Da nun aber das göttliche Wesen von unendlicher Vollkommenheit ist, alle anderen Dinge aber eine begrenzte Vollkommenheit haben, so ist es unmöglich, daß die Gesammtheit aller Dinge die Vollkommenheit des göttlichen Wesens erreichen, die Kraft desselben muß sich vielmehr über das Wirkliche hinauserstrecken und folglich auch sein Erkennnen.[3] Ferner erstreckt sich ja Gottes Erkenntniß soweit als seine Causalität, folglich muß er auch in seiner Wesenheit und durch dieselbe alles dasjenige erkennen, was er hervorbringen kann.[4] Dasselbe folgt auch daraus, daß Gottes Wissen nicht ein successives, sondern ein außer- und überzeitliches ist. Deshalb hat es Alles, was nur immer im ganzen Verlauf der Zeit geschehen kann, in ewiger Anschauung vor sich.[5]

Thomas unterscheidet aber hier eine *notitia simplicis intelligentiae* und eine *notitia visionis*. Die erstere bezieht sich auf das, was zwar potenziell in Gott vorhanden ist, aber nie zur Wirklichkeit werden wird, die letztere bezieht sich auf das Vergangene, Gegenwärtige und wirklich Zukünftige.[6]

---

1) *Contra gent. lib. I, cap. LVI, no. 1. In quibuscunque enim est habitualis cognitio, non simul omnia cognoscuntur, sed quaedam cognoscuntur actu et alia cognoscuntur habitu. Deus autem simul actu omnia intelligit, ut probatum est. Non est igitur in eo habitualis cognitio.*
2) *Summa th. l. c. art. VII. Contra gent. lib. I, cap. LVII.*
3) *Contra gent. l. c. no. 3.*
4) Ebend. no. 5.   5) Ebend. no. 6.
6) *Summa th. l. c. Horum quae actu non sunt, est attendenda quaedam diversitas. Quaedam enim licet non sint nunc in actu, tamen vel fuerunt vel erunt; et omnia ista dicitur Deus scire scientia visionis. Quia cum intelligere Dei, quae*

Aber auch auf die rein contingenten Wirkungen der geschöpflichen Ursachen, gleichviel ob sie für uns in die Vergangenheit, Gegenwart oder Zukunft fallen, erstreckt sich das göttliche Wissen.[1] Und zwar erkennt Gott diese contingenten Wirkungen nicht etwa blos in ihren Ursachen, sondern sie sind selbst nach ihrem eigenthümlichen Sein Gegenstand seiner Erkenntniß, eben weil sie als wirklich gesetzt von der Ursache ein erkennbares Etwas sind, und die göttliche Erkenntniß sich auf alles Erkennbare im Bereich der geschöpflichen Einzelwesen erstrecken muß.[2] Daraus, daß Gott die nothwendige Ursache alles Seins ist, folgt nicht, daß es nicht zufälliges Sein gibt, da zwischen Gott als der letzten Ursache und dem zufälligen Sein mittlere Ursachen liegen, Gott aber die Mittelursachen geordnet hat, aus denen das zufällige Sein hervorgeht.[3] Uebrigens gibt es nur für uns ein zufälliges Sein, für Gott nicht, da er Alles in ewiger Anschauung vor sich hat.[4] Endlich aber erstreckt sich das Erkennen Gottes auch auf das einzelne Böse.[5]

---

est ejus esse, aeternitate mensuretur, quae sine successione existens totum tempus comprehendit, praesens intuitus Dei fertur in totum tempus et omnia quae sunt in quocunque tempore sicut in subjecta sibi praesentialiter. Quaedam vero sunt, quae sunt in potentia Dei vel creaturae, quae tamen nec sunt nec erunt nec fuerunt; et respectu horum non dicitur habere scientiam visionis, sed simplicis intelligentiae. Quod ideo dicitur, quia ea, quae videntur, apud nos habent esse distinctum extra videntem.

1) *Summa th. l. c. art. XIII. Contra gent. lib. I, cap. LXVII.*
2) *Contra gent. l. c. n°. 2.*
3) *Summa th. l. c. art. XIII. Licet causa suprema sit necessaria, tamen effectus potest esse contingens propter causam proximam contingentem; sicut germinatio plantae est contingens propter causam proximam contingentem, licet motus solis, qui est causa prima, sit necessarius; et similiter scita a Deo sunt contingentia propter causas proximas, licet scientia Dei, quae est causa prima, sit necessaria.*
4) *Contra gent. l. c. Quum dicitur, Deus scit vel scivit hoc futurum, medium quoddam accipitur inter divinam scientiam et rem scitam, scilicet tempus, a quo est locutio, respectu cujus id quod a Deo scitum dicitur est futurum; non autem respectu divinae scientiae est futurum, quae in momento aeternitatis existens ad omnia praesentialiter se habet, respectu cujus, si tempus locutioni de medio subtraheretur, non est dicere hoc esse cognitum, quasi non existens, ut locum habeat quaestio, qua quaeritur, an possit non esse; sed sic cognitum diceretur de Deo, ut jam in sua essentia visum.*
5) *Contra gent. l. c. lib. I, cap. LXXVI.* Die Scholastik unterschied ein zweifaches Wissen und Vorherwissen Gottes, *scientia approbationis et reprobationis*, ein Wissen mit Bejahung und ein Wissen mit Verneinung. Das erstere ist das Wissen um das Sein-sollende, das letztere um das Nichtsein-sollende.

denn da Gott mit der Erkenntniß des Guten zugleich das Böse als dessen Gegensatz erkennt, so muß er, da er das einzelne Gute erkennt, auch das einzelne Böse erkennen. Dasselbe folgt auch aus der absoluten Vollkommenheit des göttlichen Intellectes, gemäß welcher ihm keine der intellectuellen Vollkommenheiten, also auch nicht die Erkenntniß des einzelnen Bösen abgehen kann. Auch bei uns ist die Kenntniß des Bösen nicht an und für sich verwerflich, sondern nur *per accidens*, insofern wir und wenn wir durch die Betrachtung des Bösen zu dem Bösen inclinirt werden. Da aber dieß bei Gott, dem Unveränderlichen, unmöglich ist, so hindert nichts anzunehmen daß Gott auch das Böse erkennt. Erkennt nun aber Gott auf diese Weise alle außer ihm seienden Dinge, so folgt daraus, daß das göttliche Erkennen die Norm oder das Maß der Dinge ist, das Gesetz alles wahren Seins und alles wahren Erkennens, d.h. **die absolute Wahrheit**.[1]

Wie wird aber die Erkenntniß Gottes der Grund der Dinge? Thomas antwortet: Nur insofern als sie mit seinem Willen in Verbindung gesetzt wird. Die ewige Erkenntniß des außergöttlichen und möglichen Seins ist für sich nicht die alleinige Ursache des endlichen Seins, sondern dazu gehört auch der göttliche Wille, der beschließt, daß das nur mögliche Sein ein wirkliches werde.[2] Gott hat von sich nur eine **theoretische Erkenntniß**, weil er für sich kein Gegenstand des aus der Potenzialität hervorgehenden Handelns ist *(operabilis non est)*. Ebenso hat er vor Allem eine theoretische Erkenntniß von den Dingen als Objecten seines Denkens. Eine solche hat er nun ausschließlich von denjenigen Dingen, die er blos als möglich denkt, die er sich aber nicht zum Zwecke setzt, also auch niemals vollbringt. Dagegen hat er auch

---

Das eine ist ein Wissen um das wahre Sein, das andere ein Wissen um das wahrheitswidrige Sein. Gott weiß daher auch um das Böse, aber er weiß um dasselbe als um das Nichtsein-sollende, wohl aber vermöge der Freiheit Sein-könnende; er weiß um das Böse als um die Negation des Guten. Daher sagt Thomas, Gott erkenne das Böse, aber nur durch das Gute.

1) *Summa th. P. I, qu. XVI, art. V. Veritas invenitur in intellectu, secundum quod apprehendit rem ut est; et in re, secundum quod habet esse conformabile intellectui. Hoc autem maxime invenitur in Deo. Nam esse ejus non solum est conforme suo intellectui, sed etiam est ipsum suum intelligere; et suum intelligere est mensura et causa omnis alterius esse et omnis alterius intellectus; et ipse est suum esse et intelligere. Unde sequitur, quod non solum in ipso sit veritas; sed quod ipse sit ipsa summa et prima veritas.*

2) Ebend. *qu. XIV, art. VIII.*

eine praktische, auf den Zweckgedanken gegründete Erkenntniß von den Dingen, welche er in irgend einer Zeit in die Wirklichkeit setzt.[1] Dieses mit dem Willen verbundene Wissen Gottes als Ursache der geschöpflichen Dinge, dieses Schauen, welches zugleich ein Setzen ist, heißt *scientia approbationis*.[2]

Hiermit sind wir von selbst auf die Ideenlehre des Thomas geführt.[3] Augustin sagt einmal: *Tanta vis in eis (in ideis) constituitur, ut nisi his intellectis sapiens esse nemo possit (De divers. quaest. 83. qu. 46. de ideis)*, und darin stimmt er mit Aristoteles überein, bei dem wir den Ausspruch finden: ὁ μὲν φιλόσοφος περὶ τὰς ἰδέας σπουδάζει vgl. *Probl. XXX, 9)*. Darin ist ausgesprochen, daß ein wahrhaftes Erkennen nur da stattfindet, wo das Erkennen ein Erkennen in der Idee ist. Infolge dessen haben ein Albertus Magnus, Thomas von Aquino, Duns Scotus sich eigens mit der Lehre von den Ideen beschäftigt. Thomas stellt jenen Ausspruch des Augustin seiner Untersuchung voran. Zunächst wendet er sich gegen Plato, welcher eine außer Gott liegende Ideenwelt behauptet. Ideen sind nach Thomas die Formen anderer Dinge, welche außerhalb der Dinge existiren, als Musterbilder in dem Verstande.[4] Bei Allem nemlich, was nicht zufällig entsteht, muß, wie er sagt, die Form der Zweck der Entstehung

---

1) Ebend. *art. XVI. Deus de se ipso habet scientiam speculativam tantum; ipse enim operabilis non est. De omnibus vero aliis habet scientiam et speculativam et practicam. Speculativam quidem quantum ad modum; quidquid enim in rebus nos speculative cognoscimus definiendo et dividendo, hoc totum Deus multo perfectius novit. Sed de his, quae potest quidem facere, sed secundum nullum tempus facit, non habet practicam scientiam, secundum quod practica scientia dicitur a fine. Sic autem habet practicam scientiam de his, quae secundum aliquod tempus facit. Mala vero licet ab eo non sint operabilia, tamen sub cognitione practica ipsius cadunt, sicut et bona, in quantum permittit vel impedit vel ordinat ea; sicut et aegritudines cadunt sub practica scientia medici, in quantum per artem suam curat eas. — Se ipsum speculative cognoscit, et sic in speculativa sui ipsius scientia habet cognitionem et speculativam et practicam omnium aliorum.*

2) Ebend. *art. VIII. Manifestum est autem, quod Deus per intellectum suum causat res, cum suum esse sit suum intelligere; unde necesse est, quod sua scientia sit causa rerum, secundum quod habet voluntatem conjunctam. Unde scientia Dei, secundum quod est causa rerum, consuevit nominari scientia approbationis.*

3) *Summa th. P. I, qu. XV.*

4) *Summa th. l. c. art. I. Ad primum ergo dicendum, quod Deus non intelligit res secundum ideam extra se existentem. Et sic etiam Aristoteles improbat opinionem Platonis de ideis, secundum quod ponebat eas per se existentes, non in intellectu.* vgl. Zeller, Theil 2. Abthl. 2. S. 216 ff.

sein. Das Wirkende aber würde wegen der Form nicht wirken, wenn nicht ein Bild der Form in ihm selber wäre. Dieß findet auf eine zweifache Weise statt: Ein Wesen, das durch seine Natur wirkt, also ein anderes mit blinder Nothwendigkeit hervorbringt, muß die Form desselben nach seinem physischen und eigenthümlichen Sein in sich haben; aber ein Wesen, das etwas mit Bewußtsein und Freiheit schafft, muß die Form desselben nur im intelligiblen Sein d. h. als Idee oder Musterbild erzeugen. So erzeugen in der Natur die verschiedenen Wesen ein jedes seines Gleichen. Der Künstler aber arbeitet nach der in seinem Geiste entworfenen Idee, nach der in seinem Verstande concipirten Form. Weil nun die Welt nicht durch den Zufall entstanden, sondern von dem durch seinen Intellect wirkenden Gott geschaffen ist, so muß in dem göttlichen Verstande die Form sein, nach deren Prototyp die Welt gemacht ist. Und darin besteht der Begriff der göttlichen Idee.[1] Das Prototyp der geschöpflichen Dinge ist aber die göttliche Wesenheit; denn als ähnlich mit dieser wurden jene geschaffen. Versteht man also unter Idee das Musterbild, nach welchem die Dinge geschaffen sind, so ist die göttliche Wesenheit selbst die Idee der Dinge. Aber freilich bezeichnet dann der Ausdruck „Idee" die göttliche Wesenheit nicht in ihrem Ansichsein, sondern nur insofern sie das Urbild, der ideale Grund der geschöpflichen Dinge ist.[2] Indem Gott sich selber denkt, denkt

---

1) Ebend. *Respondeo dicendum, quod necesse est ponere in mente divina ideas. Ἰδέα enim graece, latine forma dicitur. Unde per ideas intelliguntur formae aliarum rerum practer ipsas res existentes. Forma autem alicujus rei praeter ipsam existens ad duo esse potest, vel ut sit exemplar ejus, cujus dicitur forma, vel ut sit principium cognitionis ipsius, secundum quod formae cognoscibilium dicuntur esse in cognoscente. Et quantum ad utrumque est necessarium ponere ideas; quod sic patet. In omnibus enim, quae non a casu generantur, necesse est formam esse finem generationis cujuscunque. Agens autem non ageret propter formam, nisi quantum similitudo formae est in ipso. Quod quidem contingit dupliciter. In quibusdam enim agentibus praeexistit forma rei fiendae secundum esse naturale, sicut in his, quae agunt per naturam; sicut homo generat hominem et ignis ignem. In quibusdam vero secundum esse intelligibile ut in his, quae agunt per intellectum; sicut similitudo domus praeexistit in mente aedificatoris: et haec potest dici idea domus, quia artifex intendit domum assimilare formae, quam mente concepit. Quia igitur mundus non est casu factus, sed est factus a Deo per intellectum agente, necesse est quod in mente divina sit forma, ad similitudinem cujus mundus est factus. Et in hoc consistit ratio ideae.*
2) Ebend. art. II. *Idea non nominat divinam essentiam, in quantum est essentia, sed in quantum est similitudo vel ratio hujus vel illius rei.*

er sich zugleich als das Vorbild der geschöpflichen Dinge, und so schließt der Gedanke von sich selbst in Gott auch zugleich die Gedanken, d. h. Ideen der geschöpflichen Dinge ein.

Nun entsteht aber die Frage, ob denn in Gott blos Eine oder aber eine Vielheit von Ideen je nach der Vielheit und Verschiedenheit der geschöpflichen Dinge angenommen werden müsse. Thomas entscheidet sich in Uebereinstimmung mit seiner ganzen Lehre von der göttlichen Erkenntniß für die **Vielheit der Ideen**. Alle Geschöpfe, behauptet er, haben in Gott ihre Urbilder und jedes ist nach der ihm eigenen Idee geschaffen. Denn Gott ist die Ursache der ganzen Ordnung der Dinge und daher auch jedes einzelnen Gliedes dieser Ordnung. Er muß also nicht blos von dem Ganzen als solchen, sondern auch von jedem einzelnen Gliede des Ganzen eine eigene Idee haben, um so mehr als er eine vollkommene Idee des Ganzen gar nicht haben könnte, wenn er nicht auch die Ideen aller einzelnen Glieder besäße.[1] In der That: wenn Gott seine Wesenheit vollkommen erkennt, so muß er sie auch so erkennen, wie sie in verschiedener Weise von den verschiedenen Dingen nachahmbar ist. Indem er also seine Wesenheit als auf eine bestimmte, von anderen unterschiedene Weise nachahmbar erkennt, erkennt er sich als das eigenthümliche Urbild eines bestimmten, von anderen unterschiedenen Dinges, und hat so die Idee von diesem bestimmten Dinge.[1] Und indem es sich so mit allen übrigen Dingen

---

1) Ebend. *Si ipse ordo universi est per se creatus ab ipso, necesse est quod habeat ideam ordinis universi. Ratio autem alicujus totius haberi non potest, nisi habeantur propriae rationes eorum, ex quibus totum constituitur; sicut aedificator speciem domus concipere non posset, nisi apud ipsum esset propria ratio cujuslibet partium ejus. Sic igitur oportet, quod in mente divina sint propriae rationes omnium rerum.*

2) Ebend. *qu. XV, art. III. Individua vero secundum Platonem non habebant aliam ideam, quam ideam speciei; tum quia singularia individuantur per materiam, quam ponebat esse increatam et concausam ideae; tum quia intentio naturae consistit in speciebus, nec particularia producit, nisi ut in eis species salventur. Sed providentia divina non solum se extendit ad species, sed ad singularia.* Im Gegensatz zu dieser Lehre des Thomas erkannte Heinrich von Gent († 1293), indem er an der platonisch-augustinischen Lehrweise festhielt, wonach die Idee auf das Allgemeine geht, in dem göttlichen Geiste nur Ideen der Genera und Species, nicht der Individuen an, und lehrte daher: *individua proprias ideas in Deo non habent*, die göttliche Erkenntniß der Individuen ist in der Erkenntniß ihrer Gattungen bereits enthalten. Gewiß mit vollem Rechte; jedes Einzelwesen ist Gegenstand der göttlichen Providenz, *providentia divina*, wie Thomas selbst sagt, aber nicht einer bestimmten göttlichen Idee.

verhält, geht daraus klar hervor, daß in Gott eine Vielheit von Ideen angenommen werden muß.[1] Eine Idee von den Dingen, denen zu keiner Zeit ein Sein eignet, hat Gott natürlich nicht.[2] Schließlich legt sich Thomas noch die Frage vor, ob die Dinge in sich oder in den Ideen ein wahreres Sein haben. Er antwortet hierauf Folgendes: Wenn nur die Formen und nicht auch der Stoff zum Wesen der Dinge gehörte, so dürfte man geradezu behaupten, daß das Sein, welches die Dinge im göttlichen Gedanken haben, wahrer sei als jenes, das sie in sich besitzen. Nun aber, da es zu ihrem Wesen gehört, materiell zu sein, muß man unterscheiden. Betrachten wir in den Dingen und in den Ideen das Sein selbst (daß sie sind), und vergleichen wir sie in dieser Beziehung, so ist das Sein, welches die Dinge im göttlichen Gedanken haben, wahreres Sein; denn das Sein in dem göttlichen Gedanken ist das unerschaffene, das Sein selbst und insofern das wahrste. Betrachten wir aber das durch die Wesenheit bestimmte Sein der Dinge (was sie sind), im Menschen z. B. das menschliche Sein, so haben die Dinge in sich ein wahreres Sein, als in dem göttlichen Gedanken; denn sinnlich, leiblich, materiell sein, gehört zur Wahrheit nicht des Seins überhaupt, wohl aber des menschlichen Seins. In Kürze ist also die Antwort auf die gestellte Frage: die Dinge haben in den Ideen ein höheres, in sich aber ein wahreres Sein.[3]

---

1) Ebend. *art. II*. *Unde plures ideae sunt in mente divina ut intellectae ab ipsa, quod hoc modo potest videri: ipse enim essentiam suam perfecte cognoscit, unde cognoscit eam secundum omnem modum quo cognoscibilis est. Potest autem cognosci non solum secundum quod in se est, sed secundum quod est participabilis secundum aliquem modum similitudinis a creaturis. Unaquaeque enim creatura habet propriam speciem, secundum quod aliquo modo participat divinae essentiae similitudinem. Sic igitur, in quantum Deus cognoscit suam essentiam ut sic imitabilem a tali creatura, cognoscit eam ut propriam rationem et ideam hujus creaturae; et similiter de aliis. Et sic patet, quod Deus intelligit plures rationes proprias plurium rerum, quae sunt plures ideae.*

2) Ebend. *art. III*. *Eorum, quae neque sunt neque erunt neque fuerunt, Deus non habet practicam cognitionem, nisi virtute tantum. Unde respectu eorum non est idea in Deo secundum quod idea significat exemplar, sed solum secundum quod significat rationem.*

3) *Summa th. P. I, qu. XVIII, art. IV, ad 3*. *Ad tertium dicendum, quod si de ratione rerum naturalium non esset materia, sed tantum forma, omnibus modis veriori modo essent res naturales in mente divina per suas ideas quam in se ipsis; propter quod et Plato posuit, quod homo separatus erat verus homo, homo autem materialis est homo per participationem. Sed quia de ratione rerum naturalium est*

Hiemit sind wir am Schluß der Lehre von dem Erkennen Gottes angelangt. Ueberblicken wir dieselbe, so muß uns vor Allem die Bestimmung auffallen, daß Gottes Erkennen und Gottes Sein identisch sind. Allerdings ist das Denken in Gott nicht ein ihm nur Anhaftendes, gleichsam Accidentielles, sondern seine Substanz ist wesentlich eine denkende und erkennende Substanz. Wie sein Selbst ein ewiges ist, so ist auch sein Denken und Erkennen ein ewiges Denken und ewiges Erkennen. Das göttliche Leben selbst als ewiger Act angesehen ist auch ein ewiger Act der Selbsterkenntniß oder ein Act ewiger Selbsterkenntniß. Es ist in Gott nicht zuerst das Sein und danach das Erkennen dieses Seins, sowie bei uns das Sein dem Personsein vorangeht, sondern die ewige Position des eignen Seins ist in Gott auch die ewige Selbstposition für die Erkenntniß. Der ewige Gott erkennt ebenso ewig als sein Wesen ein ewiges ist. Trotzdem aber ist Sein und Denken in Gott wohl zu unterscheiden. Das Denken Gottes ist eine Thätigkeit seines Wesens, ein Thun, worin sich sein Sein bethätigt. Wenn Thomas beides zusammenfallen läßt, so ist eben Gottes Wissen nur wieder sein Sein. Gott ist kein wissendes Subject, sondern nur Substanz. Den Grund dieser Identificirung vermögen wir wieder nur in des Thomas Grundanschauung von Gott als dem schlechthin einfachen Sein zu finden; in einem solchen unlebendigen Gott muß das Denken in das Sein verschlungen werden, da ja alles Denken eine Zusammenfassung einer Vielheit zur Einheit ist und auch das reinste Denken immer noch eine Zweiheit, theils des Denkenden und des Denkens, theils des Denkenden und Gedachten in sich hat. Unterscheidet nun aber Thomas nicht zwischen Sein Gottes und Denken oder Erkennen Gottes, so muß es uns weiter auffallend erscheinen, daß er Gott Selbsterkenntniß zuschreibt. Denn erkennen kann sich Gott doch nur dadurch, daß er sich sich selbst gegenübersetzt und als Object sich von sich, dem Subject, unterscheidet, und sich so in unendlicher Selbstanschauung in der Tiefe seines ewigen Seins nach der vollen Wahrheit erkennt.

---

materia, est dicendum, quod res naturales verius esse habent simpliciter in mente divina quam in se ipsis, quia in mente divina habent esse increatum, in se ipsis autem esse creatum; sed esse hoc, utpote homo vel equus, verius habent in propria natura quam in mente divina; sicut domus nobilius esse habet in mente artificis quam in materia; sed tamen verius dicitur domus quae est in materia, quam quae est in mente, quia illa est domus in actu, haec autem domus in potentia.

Wo kein Unterschied zwischen Gottes Sein und Gottes Erkennen ponirt wird, da muß daher folgerichtig auch ein Sichselbsterkennen Gottes negirt werden und ist negirt, auch wenn es behauptet wird. Dieß zeigt uns deutlich das Beispiel des Scotus Erigena, der von seiner neuplatonischen Auffassung Gottes als des reinen, sich selbst gleichen Seins aus ebenfalls es nicht zu einem Selbstbewußtsein Gottes zu bringen vermag. Allerdings behauptet dieser zunächst nur: Gott, der nichts Bestimmtes, Endliches sei, könne sich darum auch nicht als ein endliches Sein erkennen; er wisse nicht, was er ist, weil er erkenne, daß er nichts von allem Erkennbaren und Nennbaren sei; denn würde er sich in etwas Endlichem erkennen, sein Wesen darin ausgedrückt finden, so würde er sich nicht als den schlechthin Unbegränzten, Unbegreiflichen und Unnennbaren darstellen können, wie er es doch thue, wenn es heiße: warum fragst du nach meinem Namen, der doch wundersam ist?[1] Und so scheint Staudenmaier's Ansicht, daß von Erigina das Selbstbewußtsein Gottes durchaus nicht geleugnet, vielmehr nur gelehrt werde, seine Selbsterkenntniß könne nicht auf endliche Weise vermittelt sein,[2] nicht des Grundes zu entbehren. Allein schon der Begriff der Unendlichkeit Gottes, wie ihn Erigena aufstellt, zeigt, daß er Gott kein Selbstbewußtsein zuschreiben kann; denn dieser Begriff ist bei ihm so sehr überspannt, daß nicht nur alle Unterschiede im Wesen Gottes in seiner absoluten Identität mit sich selbst aufgehen, sondern auch sein Wesen schlechthin über alle Gegensätze hinausgerückt und so nur als das reine, sich selbst gleiche Sein betrach-

---

1) *De divis. nat. II, 28: Quomodo divina natura se ipsam potest intelligere, quid sit, cum nihil sit? Superat enim omne, quod est, quando nec ipsa est esse sed ab ipsa est omne esse. Aut quomodo infinitum potest in aliquo definiri a se ipso, vel in aliquo intelligi, cum se cognoscat super omne finitum et infinitum? Deus itaque nescit se, quid est, quia non est quid; incomprehensibilis quippe in aliquo et sibi ipsi et omni intellectui. Nemo pie cognoscentium — audiens de Deo, se ipsum intelligere non posse, quid sit, aliud debet existimare, nisi ipsum Deum qui non est quid, omnino ignorare in se ipso, quod ipse non est, se ipsum autem non cognoscit aliquid esse. Nescit igitur, quid ipse est, h. e. nescit se quid esse, quoniam cognoscit, se nullum eorum, quae in aliquo cognoscuntur, et de quibus potest dici vel intelligi, quid sunt, omnino esse. Nam si in aliquo se ipsum cognosceret, non omnino infinitum et incomprehensibilem innominabilemque se ipsum indicaret. Ut quid interrogas, inquit, nomen meum? et hoc est mirabile.*

2) Staudenmaier, Die Philosophie des Christenthums. Bd. 1. S. 571.

tet wird. Und diese Schwierigkeit fühlt Erigena selbst; nur läßt er sie vom *discipulus* aussprechen. „Wenn Gott sich selbst erkennt und definirt, sagt der Schüler, so kann er nicht schlechthin unendlich sein."[1] Dieß bestreitet der Lehrer nicht, sondern bestätigt es gelegentlich,[2] setzt aber hinzu, das Nichtwissen Gottes von sich drücke nur das aus, daß Gott sich nicht als etwas Einzelnes, Endliches und in nichts Endlichem erkenne. So kommt der Schüler zu dem vom Lehrer stillschweigend gebilligten Resultate, der Lehrer wolle ihn nicht davon überzeugen, daß Gott sich überhaupt nicht erkenne, sondern nur, daß er nicht wisse, was er sei.[3] Dieses nicht näher erläuterte Resultat zeigt, wie Christlieb[4] mit Recht bemerkt, „daß Erigena ein Selbstbewußtsein im vollen Sinne des Wortes Gott nicht beilegen kann und will; das Wissen, das er Gott zuschreibt, ist ein rein negatives, nemlich daß Gott weiß, daß er nichts Endliches und in nichts Endlichem ist;[5] ein positives Wissen von sich kann aber Erigena Gott nicht beilegen, weil er den Gottesbegriff aller positiven Bestimmungen, aller materiellen Fülle vollständig entkleidet, so daß sein Gott gar keinen Inhalt mehr hat und das Wissen dieses Gottes von sich auch darum keinen Inhalt haben kann."

Wenn nun aber bei Thomas ebenso wie bei Erigena im Begriff Gottes die absolute Einfachheit und Identität Gottes mit sich selbst so sehr überwiegt, daß er Gottes Sein und Gottes Erkennen zusammenfallen läßt, ja daß er consequenter Weise Gott gar kein Selbstbewußtsein beilegen darf, kann er dann wohl von Ideen in Gott sprechen? Ganz gewiß nicht; dieß fühlt er auch selbst, wenn

---

[1] *De divis. nat. II, 28: Si Deus intelligit et definit, quid ipse sit, non omnino infinitus esse probabitur, dum a sola creatura definiri non potest, — a se vero ipso et definitur et cognoscitur, quid sit.*

[2] Ebend. *Quomodo infinitum potest in aliquo definiri a se ipso, vel in aliquo intelligi cum se cognoscat super omne finitum et infinitum? — Nam si in aliquo se ipsum cognosceret, non omnino infinitum et incomprehensibilem se ipsum indicaret.*

[3] Ebend. *Non suades Deum se ipsum ignorare, sed solummodo ignorare, quid sit. Et merito, quia non est quid; infinitus quippe est et sibi ipsi et omnibus, quae ab eo sunt.* Auch der Magister hatte gesagt: *Incomprehensibilis quippe in aliquo et sibi ipsi et omni intellectui.*

[4] a. a. O. S. 175.

[5] Ebend. *Nescit se quid esse, quoniam cognoscit, se nullum corum, quae in aliquo cognoscuntur — omnino esse. — Nam tibi videmur aliud suadere, dum dicimus, Deum se ipsum, quid sit, ignorare, quam in nullo corum, quae sunt, se esse intelligere?*

er, wie oben bemerkt, behauptet, die Idee der Dinge sei die göttliche Wesenheit selbst, freilich nicht in ihrem Ansichsein, sondern nur insofern sie das Urbild, der ideale Grund der geschöpflichen Dinge ist. Denn angenommen, der Satz, daß das creatürliche Sein am göttlichen Sein theilhabe, wäre richtig, so ist doch der Mittelpunkt der Ideen der geschöpflichen Dinge diese Vielheit der Dinge selbst, nicht die göttliche Wesenheit. Thomas aber muß diese zum Centrum der Weltidee machen, weil eine Vielheit von Ideen im göttlichen Intellect sich nicht mit der absoluten Einfachheit Gottes vertragen will. Daß dieser abstracte Gottesbegriff zuletzt nicht blos zu einer Gleichsetzung der Idee Gottes von sich selbst und der Weltidee, sondern auch zu einer Identificirung dieser letzteren mit dem göttlichen Wesen selbst führen muß, ist klar.[1] Das Beispiel des Erigina zeigt uns dieß deutlich. Denn wenn er auch in der Annahme von Idealprincipien über Dionysius Areopagita hinausgeht, so ergibt sich, wenn wir auf die Namen dieser *primordiales causae* blicken, daß wir sie dennoch als völlig identisch mit dem Wesen Gottes zu betrachten haben. Ihr Unterschied von den anderen Dingen soll nemlich darin bestehen, daß während die andern Dinge nicht an sich, sondern nur vermittelst ihrer Urbilder an Gottes Wesen participiren, sie an und für sich selbst am Wesen Gottes theilhaben;[2] und so wird denn ihre Reihenfolge angegeben als: *per se ipsam bonitas, per se ipsam essentia, — vita, — ratio, intelligentia, — sapientia, — virtus, beatitudo, — veritas, — aeternitas*,[3] womit aber ihre Zahl nicht ge-

---

[1] Auch Dieringer sagt in einer Recension der Schrift „*De l'orthodoxie de l'Ontologisme modéré et traditionel. Réponse de Jean Sans-Fiel au R. P. Kleutgen* 1869" in Reusch's Theologischem Literaturblatt (5.Jahrgang 1870. Nr. 3): Jene Ideen sind nun ein für alle Mal nicht das göttliche Wesen in seiner Imitabilität — denn auch in dieser Eigenthümlichkeit ist Gott das Absolute — sondern sie sind, auch objectiv betrachtet, etwas Endliches, die endlichen im göttlichen Erkennen vorhandenen Schemata durch Gott realisirbarer Dinge. Auch er spricht in Bezug auf die verworfene Ansicht von semipantheistischen Anklängen.
[2] *De divis. nat. III, 1. Haec regula in omnibus primordialibus causis uniformiter observatur, hoc est, quod per se ipsas participationes principales sunt unius omnium causae, quae Deus est. — Cetera bona non per se ipsa summum et substantiale bonum participant, sed per eam quae est per se ipsam summi boni prima participatio.*
[3] Ebend. *Primordialium causarum seriem divinae providentiae solus investigator S. Dionysius in l. de div. nom. apertissime disposuit. Summae siquidem bonitatis — primam donationem et participationem asserit esse per se ipsum bonitatem;* —

schlossen ist, da nachher noch *magnitudo, amor, pax, unitas, perfectio* als *primordiales causae* angeführt werden. Hieraus erhellt, daß sich bei Erigena die idealen Principien der Welt auflösen in Begriffe Gottes, welche aber nach ihm nur verschiedene subjective Betrachtungsweisen des göttlichen Wesens sind ohne objective Realität.[1]

So auch bei Thomas; auch bei ihm fallen die Ideen der creatürlichen Dinge in der Consequenz mit dem schlechthin einfachen Wesen Gottes zusammen. Wenn wir aber auf diese Weise in den Idealprincipien der Dinge statt eines Mittelgliedes zwischen Gott und der Erscheinungswelt nur eine mit Gott zufallende Seite seines Wesens, statt eines Princips der Mannigfaltigkeit nur eine Einheit haben, wie ist da das Dasein des mannigfaltigen geschöpflichen Seins noch erklärbar? Thomas fühlt diese Schwierigkeit, indem er die objective Realität der Ideen dadurch zu retten sucht, daß er sie in dem *Verbum Dei* subsistiren läßt, welches zugleich das Gleichbild der göttlichen Wesenheit und das Vorbild alles Andern sein soll. (S. 81.) Daß aber so die Weltidee mit dem Logos identificirt und damit die orthodoxe Trinitätslehre wesentlich alterirt wird, ist unschwer einzusehn. Thomas ist auch hier von Scotus Erigena abhängig; diesem ist der Logos das Princip, in welchem alles geschaffen ist, die absolute, intellectuelle Form, durch welche alles bestimmt wird, und nach welcher alles hinstrebt;[2] in ihm hat Gott alles, was er schaffen wollte, ehe es sich in seine Gattungen und

---

primordialium causarum secundum locum obtinet per se ipsam essentia, tertia per se ipsam vita connumeratur etc.

1) vgl. Christlieb a. a. O. S. 214 ff.

2) *De divis. nat. II, 15: Divinissimus propheta, Moisen dico, in prima fronte libri Geneseos: In principio, inquit, Deus fecit coelum et terram. — Significatione autem coeli et terrae primordiales totius creaturae causas, quas Pater in Filio, qui principii appellatione nominatur, ante omnia, quae condita sunt, creaverat, intelligamus. — Primordiales vero causae ita in Verbo, quod vere dicitur esse et est, conditae sunt, ut nullo modo perfectionem suam in aliquo appetant, nisi in eo, in quo immutabiliter perfecteque formatae sunt. Semper enim ad unam rerum omnium formam, quam omnia appetunt, Verbum, conversae formantur. — Causae quippe locorum et temporum in eis sunt, quae vero sub ipsis sunt, — ita ab eis creantur, ut ad se ipsas ea attrahant; ipsae vero nullo modo ad ea, quae sub eis sunt, respiciunt, sed suam formam superiorem se semper intuentur, ut semper ab ea formari non desinant. Nam per se ipsas informes sunt, et in ea universali sua forma, in Verbo dico, semet ipsas perfecte conditas cognoscunt.*

Arten theilte, präformirt;[1] er ist die Einheit, der Inbegriff der Ideen und Urformen aller Dinge, die auf ewige und unveränderliche Weise in ihm gebildet sind und subsistiren,[2] und in sich eine einfache, ungetheilte und ununterscheidbare Einheit bilden, da sie erst in ihren Wirkungen zu einer unendlichen, in sich getheilten und geordneten Vielheit werden.[3] Allerdings will Thomas die orthodoxe Trinitätslehre aufrecht erhalten; allein wer das Wort Gottes, den Logos, mit der Weltidee identificirt, kann dieß eben nicht. Auch bei Erigena finden sich solche Stellen, in denen der Logos von der Weltidee, von den Idealprincipien getrennt erscheint;[4] allein auch er vermag nicht dem Logos ein substantielles Wesen zu vindiciren, da dieser nach ihm ja nur eine *universalis forma* ist.[5] Diese falsche Identificirung von Logos und Weltidee hat ihren Ursprung in dem Neuplatonismus. Nach Plotin erzeugt das Urwesen ein zweites aus sich, nemlich den $νοῦς$; dieser soll die Ideen in sich befassen, so aber, daß sie nicht blos seine Gedanken, sondern ein Wirkliches in ihm sind, die Theilwesen, die er in sich auswirkt und aus welchen er besteht, geistige Kräfte.[6] Sofern nun der $νοῦς$ eine Vielheit von Formen und Kräften in sich schließt, erweitert sich sein Begriff zu dem des $κόσμος\ νοητός$, der einerseits

---

1) Ebend. *II, 5: Pater h. e. principium omnium, in Verbo suo, unigenito videlicet Filio, omnium rerum rationes, quas faciendas esse voluit, priusquam in genera et species numerosque ac differentias* .... (hier fehlt das Verbum), *praeformavit.*

2) Ebend. *III, 1: Omnium quae sunt primordiales rationes uniformiter et incommutabiliter in Verbo Dei, in quo factae sunt, unum et id ipsum ultra omnes ordines omnemque numerum aeternaliter subsistunt.*

3) Ebend. *III, 1: Sunt in monade, dum omnes numeri sola ratione subsistunt, nullus tamen numerus ab alio numero discernitur, unum enim sunt et simplex unum —: similiter primordiales causae, dum in principio omnium, in Verbo — substitutae intelliguntur, unum simplex atque individuum sunt; dum vero in effectus suos in infinitum multiplicatus procedunt, numerosam ordinatamque sui pluralitatem recipiunt.*

4) Ebend. *III, 5: A Patre in Verbo h. e. in sua sapientia et simul et semel sunt aeternaliter factae (prim. causae), ita ut, quemadmodum ipsa sapientia Patris aeterna est, suoque Patri coaeterna, sic etiam cuncta, quae in eo facta sunt, aeterna sint, eo excepto, quod in ipso omnia facta sunt; quae non est facta, sed genita et factrix. Siquidem in condenda universali creatura sicut una eademque est Patris et Filii voluntas, ita una eademque est operatio. In primordialibus itaque suis causis omnia in sapientia Patris aeterna sunt, non tamen ei coaeterna. Praecedit enim causa effectus suos.*

5) Christlieb a. a. O. S. 220 ff.

6) Zeller a. a. O. S. 744 ff.

das αὐτοζῶον ist, welches die Urbilder lebendiger Wesen in sich begreift, andrerseits sich durch seine Ewigkeit und Vollkommenheit von dem Endlichen unterscheidet. Offenbar entspricht hier der νοῦς, als unmittelbarer Abglanz des Urwesens, dem Logos des Erigena und Thomas; beide, νοῦς und Logos oder *Verbum Dei*, sind der Inbegriff der Ideen, die Einheit aller gewordenen Vielheit; und der κόσμος νοητός entspricht den *primordiales causae* des Erigena und den Ideen des Thomas.[1] Aber auch innerhalb der Kirchenlehre finden sich deutliche Anknüpfungspunkte für die Lehre des Erigena und nach ihm des Thomas von den Idealprincipien. Besonders ist es Origenes, der auf Erigena's Lehre von Einfluß war. Denn er beschreibt den Logos philonisch als Inbegriff der göttlichen Ideen, als Urbild der geschaffenen Dinge, als ideales Princip der Welt, aber auch als ihr reales Princip, sofern er die Schöpfung vermittelt und ihr einwohnt.[2] Allerdings unterscheidet er sich dadurch von Erigena, daß er den Logos als bestimmte, hypostatische Persönlichkeit überall darstellt.

Das Gesagte möge als Kritik der Lehre des Thomas vom Erkennen Gottes genügen. Dasselbe fällt bei ihm, wie wir gesehen, mit seinem Sein zusammen. Die Urformen der Dinge sollen eine Vielheit bilden, schwinden aber wieder in eine Einheit zusammen, ja drohen mit dem Sein Gottes zusammenzufallen und können nur auf Kosten der orthodoxen Trinitätslehre objective Realität erhalten. So sehen wir auch hier wieder die schlechthinige Einfachheit Gottes, den abstracten neuplatonischen Gottesbegriff das Feld behaupten.

---

1) Auch an Philo's Lehre, obwohl Erigena ihn nie citirt, und ein unmittelbarer Zusammenhang zwischen beiden nicht nachweisbar ist, werden wir hiebei vielfach erinnert, nämlich an seine Lehre von den vermittelnden Kräften und Wesen, durch die Gott mittelbar auf die Welt wirkt und die theils in den göttlichen Kräften, theils im Logos bestehen. Der Logos ist das ideale Urbild der Welt oder die intelligible Welt (κόσμος νοητός), daher er nicht blos der Ort und der Umfang der göttlichen Ideen genannt wird (*De mundi opificio I, 4*), sondern auch die Idee der Ideen (ebend. *I, 4. 5.*), d. h. die absolut allgemeine und darum alle anderen Ideen in und unter sich befassende Idee, die intelligible Welt in der Einheit und Totalität ihrer ideellen Momente, sodaß bei Philo der hypostatische Charakter des Logos unsicher bleibt. Vgl. Staudenmaier, Lehre von der Idee S. 418 ff.

2) Origenes, *Tom. I. in Joh. Opp. T. IV.* S. 21. 449. *De princip. I, 2. Opp. I,* S. 53 (Redepenning S. 106).

h. Das Wollen Gottes.[1]

Allerdings scheint diese Bestimmung Gottes als des Wollenden unwiderleglich darauf hinzuweisen, daß Gott von Thomas als absolute Persönlichkeit gefaßt wird. Allein hören wir, was Thomas über das Wollen Gottes sagt! Gott ist nicht blos absolute Intelligenz, sondern auch absoluter Wille. Das Attribut des Willens ist eine nothwendige Folge des Attributes der Intelligenz.[2] Wie nemlich jedes natürliche Wesen actuelles Sein hat durch seine Form, so ist der Intellect actuell erkennend durch seine intelligible Form. Ein jedes Wesen steht aber zu seiner natürlichen Form in dem Verhältniß, daß es wenn es sie nicht hat nach ihr strebt, und wenn es diese erreicht hat, in ihr ausruht. Bei den natürlichen Dingen nennt man diese Neigung zu der ihnen eigenthümlichen Naturform den *appetitus naturalis*. Eine ähnliche Neigung hat aber auch die intelligible Natur zu der intelligiblen Form des Verstandes, wodurch dieser in Actualität versetzt wird. Sie sucht vermöge dieser Neigung jenes Gut und strebt es an um darin auszuruhn. Das ist aber Sache des Willens. Daher eignet jedem mit Denkfähigkeit ausgestatteten Wesen Wille. Und so muß auch Gott Willen haben, da er Intelligenz ist. Der Einwand, daß das Streben des Willens immer einen Mangel voraussetze, deswegen also auf Gott keine Anwendung finden könne,[3] ist deshalb nichtig, weil es nicht blos Sache des Willens ist, nach einem nicht vorhandenen Gute zu streben, sondern auch, an einem vorhandenen Gute sich zu erfreuen; und in dieser Hinsicht kann man von einem Willen Gottes reden.[4] Der Zweckbegriff, der den Begriff des Willens beherrscht, paßt zu Gott insofern, als Gott sein eigner Selbstzweck ist und so auch der Zweck alles dessen, was von ihm geschaffen und gewirkt wird.[5] Der

---

1) *Summa th. P. I, qu. XIX. Contra gent. lib. I, cap. LXXII—LXXXVIII.*
2) *Summa th. l. c. art. I: Voluntas intellectum consequitur.*
3) Schon Plotin sagt: „Da das Eine nichts bedarf und nichts bedürfen kann, wenn es nicht das Bedürfniß haben soll, nicht mehr Eines zu sein, jedes Bedürfniß aber Verlangen nach dem Guten ist, so folgt,' daß τῷ ἑνὶ οὐδὲν ἀγαθόν ἐστιν, οὐδὲ βούλησις τοίνυν οὐδενός." vgl. Zeller a. a. O. S. 431.
4) *Summa th. l. c. Voluntas in nobis pertinet ad appetitivam partem; quae licet ab appetendo nominetur, non tamen hunc solum habet actum, ut appetat quae non habet, sed etiam ut amet quod habet, et delectetur in illo; et quantum ad hoc in Deo voluntas ponitur, quae semper habet bonum quod est ejus objectum, cum sit indifferens ab eo secundum essentiam.*
5) Ebend. *Licet nihil aliud a Deo sit finis Dei, tamen ipsemet est finis respectu omnium, quae ab eo fiunt.*

Gegenstand des göttlichen Willens ist stets seine Güte, welche sein Wesen ist, und deshalb wird er durch nichts von ihm Verschiedenes bestimmt, sondern er selbst ist für sich das alleinige Motiv seines Wollens.[1] Indem er also sein Wollen auch auf von ihm Verschiedenes richtet, so fällt die Bedingtheit des Willens durch das Gefühl des Mangels für Gott natürlich weg, da ja nichts außer ihm existirt und nichts als solches denkbar ist, was nicht ihm seinen Ursprung verdankte. Die Beziehung seines Willens auf Anderes hängt vielmehr davon ab, daß die Mittheilung des eignen Gutes zur Art des Willens gehört und nun auf Gott in eminenter Weise Anwendung findet.[2]

Soweit Thomas. Wie mangelhaft ist aber doch der von ihm aufgestellte Willensbegriff! Der Wille ist nach ihm eigentlich nur eine zum Ziele hingehende Bewegung, aber er ist nicht Selbstbestimmung. Der Wille ist nicht das erste selbständige Princip in Gott, sondern er ist nur das, worin der *intellectus* sich in Bewegung setzt, der denkend will und schafft. Und doch kann Gott in Wahrheit nur gedacht werden als schlechthin durch sich selbst begründet, nur als schlechthin *causa sui*, als das schlechthin durch sich selbst gesetzte und darum auch als das schlechthin selbst sich setzende Sein. Freilich hat man es für unrichtig erklärt, das Sein Gottes unter der Kategorie von Ursache und Wirkung zu denken, wie es in dem Begriff der *causa sui* geschieht.[3] Allein wie man auch immer das Absolute denken mag: wenn man es wirklich denken will, so muß man es

---

1) Ebend. *Objectum divinae voluntatis est bonitas sua, quae est ejus essentia; unde cum voluntas Dei sit ejus essentia, non movetur ab alio a se, sed a se tantum.*

2) Ebend. art. II. *Unde et hoc pertinet ad rationem voluntatis, ut bonum quod quis habet aliis communicet, secundum quod possibile est. Et hoc praecipue pertinet ad voluntatem divinam, a qua per quandam similitudinem derivatur omnis perfectio. Unde si res naturales, in quantum perfectae sunt, suum bonum aliis communicant, multo magis pertinet ad voluntatem divinam, ut bonum suum aliis per similitudinem communicet, secundum quod possibile est. Sic igitur vult et se et alia, sed se ut finem, alia vero ut ad finem, in quantum condecet divinam bonitatem, etiam alia ipsam participare.*

3) Thilo, Die Wissenschaftlichkeit der modernen speculativen Theologie in ihren Principien beleuchtet, fragt S. 111: „Wo liegt denn die Nothwendigkeit, daß man bei dem Seienden nach einer Ursache frage? — Hätte das Seiende eine Ursache, so wäre es eben kein Seiendes, sondern ein Geschehendes." Und ebenso behauptet er S. 127: der Schluß: „was nicht *ab alio* ist, ist *a se*", sei unrichtig, weil ja auch noch ein dritter Fall offen sei, „daß es weder von Anderem noch von sich bedingt sein könne".

schlechterdings mit Hülfe jener Kategorie denken, einfach weil das Denken selbst gar nicht anders möglich ist als mittelst der Kategorie von Grund und Folge,¹ resp. von Ursache und Wirkung; man muß es also entweder als seine eigene Wirkung, oder als die Wirkung eines Anderen denken.² Das Letztere wäre aber ein Widerspruch mit dem Absoluten. Allerdings hat dasjenige einen Schein von Wahrheit, was Thilo (a. a. O. S. 25) von „dem bekannten Widerspruch der *causa sui*" schreibt, „wonach das sich Verursachende zugleich als seiend und nicht seiend gedacht wird"; denn, wie er sagt, „um sich selbst verursachen zu können, muß es sein; um aber die Verursachung nöthig zu haben, muß es nicht sein. Denn wäre es, so wäre der ganze Proceß der *causa sui* überflüssig. So aber schickt man der Existenz des Seienden seine eigene Möglichkeit als existirend und als seine Existenz verursachend voran." Allein, wie Rothe treffend bemerkt, das Blendende dieser scheinbar unwiderleglichen Argumentation beruht doch lediglich darauf, daß die Zeitvorstellung, die ja doch durch den Begriff des Absoluten ausdrücklich ausgeschlossen ist, in den Gedanken des Causalitätsverhältnisses, das rein logischer Natur ist, und mit einem Vorher und Nachher, gegen das es sich völlig indifferent verhält, gar nichts zu schaffen hat, eingeschwärzt, darauf, daß das rein logische „zugleich" in ein zeitliches umgedeutet wird. In dem Gedanken der Causalität liegt an und für sich so wenig etwas von zeitlicher Priorität, daß ja niemand ansteht, in dem Gedanken der Wechselwirkung das gleichzeitige Zusammensein von Ursache und Wirkung zu denken. Das Absolute ist Ursache und Wirkung seiner selbst, nicht diese nach jener, sondern schlechthin zumal, weil es überhaupt nicht unter der Form der Zeit ist; sein Sein ist wesentlich das Zumalsein von beiden.³

---

1) **Trendelenburg**, Logische Untersuchungen 2. Aufl. Bd. 1. S. 218: „Das Denken leidet nach seinem innersten Triebe nichts fertig Gegebenes, nichts, was als fertiges Sein ihm gegenüberstände; es hat die Aufgabe, das Seiende in sein Werden, das Ruhende in seine Entstehung zurückzuführen. Erst wenn wir das Seiende werden sehn, hört das Seiende auf uns anzustarren, und erst dadurch wird das Dunkle in das Licht des Bewußtseins gezogen."

2) **Julius Müller**, Lehre von der Sünde. 3. Aufl. Bd. 2. S. 167: „Läßt sich die Bedingtheit nicht als Bedingtheit durch sich selbst begreifen, so wird sie, wenn man nicht etwa das ganze Verhältniß jeder Denkbarkeit entnehmen will, als Bedingtheit durch Anderes zu betrachten sein."

3) **Richard Rothe**, Theologische Ethik. 2. Aufl. Bd. 1. S. 88 ff.

Daß Thomas Gott nicht unter diesem Begriffe der *causa sui* zu denken vermag, daß bei ihm der Wille, wie schon bemerkt, nur das ist, worin der *intellectus* sich in Bewegung setzt, ist daher ein entschiedener Mangel seiner Auffassung Gottes als des Wollenden, zuletzt aber doch nur eine Consequenz seines abstracten, unlebendigen Gottesbegriffes. Ohne jenen Begriff der *causa sui* können wir Gott nicht als ein in sich lebendiges, sich schlechthin auf sich selbst beziehendes Sein denken. Denn das durch sich selbst Sein bildet nicht blos nach außen einen Gegensatz, sondern auch nach innen, — nicht blos zu dem durch Anderes Sein, sondern nicht minder auch zu dem todten, in sich selbst bewegungslosen Sein. Doch Thomas veranlaßt sein abstracter Gottesbegriff nicht blos zu dieser unvollkommenen Bestimmung des Willens Gottes, sondern er treibt ihn sogleich weiter dazu fort, das Wollen und das Sein Gottes zu identificiren *(sicut suum intelligere est suum esse, ita suum velle)*, gerade so wie den Scotus Erigena, dem auch der Wille Gottes identisch ist mit seinem Sein, wie es in ihm auch keinen Unterschied des Schaffens und Erkennens gibt.[1] Damit ist der neuplatonische Gottesbegriff in seiner ganzen Härte festgehalten.

Aber noch andere Mängel bietet die Lehre des Thomas von dem Wollen Gottes. Wir wollen daher seine weiteren Bestimmungen hören. Absolute Nothwendigkeit, sagt er, eignet dem göttlichen Willen nur insofern, als es Gott selbst zum Objecte hat.[2] Dagegen ist das göttliche Wollen, wenn es sich auf die anderen Dinge bezieht, ein freies. Denn da die göttliche Natur recht wohl ohne Anderes sein kann, und durch dasselbe auf keine Weise einen Zuwachs erhält, so hat sie keine Nothwendigkeit, Anderes zu wollen. Die anderen Dinge will Gott nur insofern, als sie hingeordnet sind zu seiner absoluten Güte als zu ihrem letzten Zwecke. Nun aber sind die Mittel zum Zwecke überhaupt nie nothwendig gewollt, es sei

---

1) *De divis. nat. I, 73. Non aliud Dei esse et velle facere et amare et diligere et videre, ceteraque hujusmodi, quae de eo, ut diximus, possunt praedicari, sed haec omnia in ipso unum idipsumque accipiendum, suamque ineffabilem essentiam eo modo, quo se significari sinit, insinuant.*

2) *Summa th. l. c. art. IV. Voluntas divina necessariam habitudinem habet ad bonitatem suam, quae est proprium ejus objectum. Unde bonitatem suam Deus ex necessitate vult, sicut et voluntas nostra ex necessitate vult beatitudinem; sicut et quaelibet alia potentia necessariam habitudinem habet ad proprium et principale objectum, ut visus ad colorem, quia de sui ratione est, ut in illud tendat.*

denn, daß ohne sie der Zweck gar nicht erreicht werden könnte. Dieß ist aber bei Gott nicht der Fall. Denn der Zweck, den Gott in seinem Wollen und Thun vor Augen hat, ist seine eigene Güte, welche er durch die Dinge und in denselben zur Offenbarung bringen will. Aber dadurch erhält seine absolute Güte keinen Zuwachs; sie ist ohne die Dinge, in welchen sie sich offenbart, so vollkommen, als mit denselben; folglich sind die Dinge für Gott kein nothwendiges Mittel zum Zweck, ohne welche dieser gar nicht erreichbar wäre.[1]

Offenbar ist diese Unterscheidung zwischen nothwendigen und nicht nothwendigen Willensacten Gottes willkürlich. Denn wenn die anderen Dinge von Gott geschaffen sind „insofern sie hingeordnet sind zu seiner absoluten Güte als zu ihrem letzten Zweck", so ist doch der Zweck ihres Geschaffenseins der Selbstzweck Gottes. Dann aber muß ein Verhältniß der Nothwendigkeit zwischen dem Selbstzweck Gottes und den Zwecken desselben, welche aus den Werken erkennbar sind, die insgesammt Welt heißen, stattfinden. Thomas kann nicht von nothwendigen und nicht nothwendigen Willensacten Gottes reden; denn seine ganze Lehre von Gott läuft darauf hinaus, daß die Welt das ewige Correlat Gottes ist. Dieß wird sich auch im Folgenden herausstellen.

Dem göttlichen Willen eignet nach Thomas als seine wesentliche Bestimmtheit die **absolute Macht**. Bei diesem Attribut ist, wie er sagt, vor Allem zu unterscheiden zwischen passiver und activer Potenz. Die passive Potenz ist die Fähigkeit, etwas von einem anderen zu leiden; die active Potenz dagegen ist die Fähigkeit, etwas zu wirken, zu thun. Die passive Potenz ist daher die natürliche Folge der Potenzialität, weil nur ein solches Wesen etwas zu

---

[1] Ebend. *art. III. Alia a se Deus vult, in quantum ordinantur ad suam bonitatem ut in finem. Ea autem, quae sunt ad finem, non ex necessitate volumus volentes finem nisi sint talia, sine quibus finis esse non potest; sicut volumus cibum volentes conservationem sitae; et navem volentes transfretare. Non autem ex necessitate volumus ea sine quibus finis esse potest, sicut equum ad ambulandum, quia sine hoc possumus ire; et eadem ratio est in aliis. Unde cum bonitas Dei sit perfecta et esse possit sine aliis, cum nihil perfectionis ex aliis accrescat, sequitur, quod alia a se eum velle non sit necessarium absolute.*

Man vergleiche über diese Bestimmung auch die Bemerkungen von Ritschl in seinem Aufsatz: „Geschichtliche Studien zur christlichen Lehre von Gott" in den Jahrbüchern für deutsche Theologie, in dem 2. Heft des 10. Bandes vom J. 1865.

leiden fähig ist, welches irgendwie in Potenz sich verhält zu einem anderen. Die active Potenz dagegen ist die natürliche Folge der Actualität; denn nur insofern kann ein Wesen wirksam sein, als es *actu* ist.[1] Diese Unterscheidung vorausgesetzt ist es nun von selbst klar, daß wir eine passive Potenz Gott nicht zuschreiben können, weil er in keiner Beziehung Potenzialität einschließt, sondern reine Actualität ist. Dagegen müssen wir ihm nothwendig eine active Potenz beilegen, eben weil und sofern er reine Actualität ist.[2] Handelt es sich also um den Begriff der göttlichen Macht, so besteht derselbe aus einem negativen und positiven Momente. Die göttliche Macht besteht nämlich darin, daß Gott alles receptiven, leidenden Verhaltens unfähig, dagegen der Thätigkeit oder Wirksamkeit nach außen fähig ist. Und in der That; wenn wir Gott nothwendig denken müssen als die erste Ursache aller Dinge, so können wir ihn nicht denken ohne eine solche active Macht; denn diese ist ja das Princip der Wirksamkeit auf Anderes. Nur darf die göttliche Macht ebensowenig als jede andere Eigenschaft als real verschieden von der göttlichen Wesenheit gedacht werden. Denn die active Potenz kommt ihm nicht blos zu, sofern er *actu* ist, sondern sofern er *actus purus*, fern von aller und jeder Potenzialität ist. Würde dieß nicht der Fall sein, so müßte er mächtig sein durch Theilnahme an der Macht eines Anderen, während doch von Gott nichts *participative* ausgesagt werden kann, da er sein Sein ist. Endlich ist ja Gottes Thätigkeit vermittelt durch seine Wesenheit; das aber, wodurch einer thätig ist, ist seine active Potenz; es ist daher seine active Potenz sein Wesen.[3] Weil nun aber Gottes Wesenheit und Macht der Sache nach identisch sind, so kann auch die göttliche Macht nie als reine Fähigkeit aufgefaßt werden, sondern sie ist wesentlich actuell. Die Thätigkeit eines Wesens ist ja gewissermaßen ein Complement seiner Potenz; die göttliche Potenz aber wird durch keine andere ergänzt als durch sich selbst, da sie das Wesen Gottes selbst ist; daher ist in Gott Potenz und Thätigkeit nicht verschieden.

---

1) *Summa th. P. I. qu. XXV, art. I. Contra gent. lib. II, cap. VII: Sicut potentia passiva sequitur ens in potentia, ita potentia activa sequitur esse in actu; unumquodque enim ex hoc agit, quod est actu; patitur vero ex hoc, quod est in potentia.*

2) *Contra gent. l. c. Deo convenit esse actu. Igitur convenit sibi potentia activa.*

3) *Contra gent. lib. II, cap. VIII.*

So ist also in Gott nicht blos Macht und Wesenheit identisch, sondern auch die Thätigkeit derselben der Sache nach dasselbe mit der göttlichen Wesenheit.[1] Darum aber heißt die active Potenz Gottes nicht „Potenz" in Rücksicht auf die Thätigkeit, welcher sie zu Grunde liegt, sondern nur in Rücksicht auf die Wirkungen, welche aus derselben resultiren. Weil nämlich die göttliche Thätigkeit mit seiner Potenz identisch ist, so ist offenbar, daß Potenz in Gott nicht das Princip der Thätigkeit, sondern *principium facti* bedeutet.[2] Schließlich ist noch das zu beachten, daß wie die göttliche Wesenheit unendlich ist, so diese Unendlichkeit auch der göttlichen Macht zugeschrieben werden muß, so zwar, daß dieselbe sowohl als extensiv als auch als intensiv unendlich zu denken ist.[3] Daher gibt es für Gott keine Unmöglichkeit außer derjenigen, welche in der Sache selbst gelegen ist, sofern nemlich diese einen inneren Widerspruch mit sich einschließt. Gott kann Alles thun, was er will; seinen Willen kann nichts hindern oder hemmen; aber was in sich selbst einen Widerspruch involvirt, also in sich selbst unmöglich ist, das kann er nicht thun, und zwar nicht deshalb, weil etwa die active Potenz Gottes in dieser Richtung mangelhaft wäre, sondern einfach weil das sich innerlich Widersprechende überhaupt nichts, kein Etwas ist und folglich auch nicht der Terminus einer göttlichen Thätigkeit sein kann.

Allen diesen Bestimmungen gegenüber müssen wir fragen, ob Thomas von seinen Prämissen aus Gott wirklich absolute Macht beilegen könne. Diese Frage müssen wir verneinen. Wenn Gott, wie von ihm geschieht,[4] als *actus purus* in der Weise gefaßt wird, daß alles Gedachte und Mögliche in ihm auch actuell existirt, wenn in Gott Potenz und Thätigkeit nicht verschieden, ja Potenz und Wesen identisch sind;

---

1) Ebend. *cap. IX.*
2) Ebend. *Manifestum est, quod potentia dicitur de Deo per respectum ad facta secundum rei veritatem, non per respectum ad actionem, nisi secundum modum intelligendi, prout intellectus noster diversis conceptionibus utrumque considerat, scilicet divinam potentiam et ejus actionem.*
3) *Summa th. P. I, qu. XXV, art. II.*
4) Ebend. *art. III. Quidquid habet vel potest habere rationem entis, continetur sub possibilibus absolutis, respectu quorum dicitur Deus omnipotens. Nihil autem opponitur rationi entis, nisi non ens. Hoc igitur repugnat rationi possibilis absoluti, quod subditur divinae omnipotentiae, quod implicat in se esse et non esse simul; hoc enim omnipotentiae non subditur, non propter defectum divinae potentiae, sed quia non potest habere rationem factibilis neque possibilis .... Unde convenientius dicitur, quod ea non possunt fieri, quam quod Deus ea facere non possit.*

wenn ferner Gott als so starr unveränderlich gefaßt wird, daß er sich nicht auf etwas erstrecken kann, worauf er sich vorher nicht erstreckt hat — dann kann doch sicherlich nicht mehr von einer Allmacht Gottes die Rede sein, dann muß sich Gottes Macht ganz im Naturzusammenhang darstellen, wie dieß Schleiermacher offen ausspricht;[1] dann gibt es keinen Unterschied des Möglichen und Wirklichen, keine Differenz des Willens und Wirkens oder des Wissens und Wirkens in Gott. Thomas kann also nicht von einer Allmacht Gottes reden; es ist alles wirklich, wozu es in Gott eine Productivität gibt; oder mit andern Worten: die Welt ist das ewige Correlat Gottes. Mit dieser Erkenntniß ist uns schon der Uebergang zu unsrem zweiten Haupttheil, zur Lehre vom Verhältniß Gottes zur Welt gegeben. Wir wollen dieselbe deshalb noch darstellen, weil wir glauben, daß erst von ihr aus ein volles Licht über die Gotteslehre des Thomas sich verbreitet. Da aber diese Lehre vom Verhältniß Gottes zur Welt zum Theil nur die Consequenz der Lehre von Gottes Wesen ist, so werden wir uns in ihrer Darstellung möglichst kurz fassen und uns nur auf das Nöthigste beschränken.

---

1) Schleiermacher, Der christliche Glaube. Bd. 1. § 68.

II. Haupttheil.

Von dem Verhältniss Gottes zur Welt.

Thomas scheint den Begriff der Schöpfung aus nichts in seinem strengen Sinne festzuhalten. Unter der Schöpfung — so bestimmt er ihren Begriff — ist nicht blos das Hervorgehen eines particulären Seins aus einer particulären Ursache zu verstehen, sondern das Hervorgehen des ganzen Seins aus der allgemeinen Ursache oder Gott. Wie nun bei dem particulären Hervorgehen das Dasein des Hervorgehenden nicht vorausgesetzt werden darf, so ist es auch unmöglich, bei dem Hervorgehen des ganzen, allgemeinen Seins aus dem ersten Princip etwas Seiendes vorauszusetzen. Der Grundsatz der alten Philosophen, daß aus nichts nichts werde, kann nach Thomas nur auf den Bereich der particulären Ursachen und Wirkungen angewendet werden; geht man aber vom Particulären zum Allgemeinen fort, so kann bei der Schöpfung absolut nichts vorausgesetzt werden; auch die erste Materie muß von Gott geschaffen sein, weil man auf dem absoluten Standpunkt die Dinge nicht nehmen kann, wie sie nach ihren accidentellen oder substanziellen Formen sind, sondern nur wie sie an sich sind; wenn also die Frage nicht ist, wie die Dinge in dieser oder jener Form des Seins, sondern wie sie an sich als Seiendes überhaupt geschaffen sind, so kann die Materie nicht ausgeschlossen sein.[1] Dasselbe folgt

---

1) *Summa th. qu. XLIV, art. II. Ulterius aliqui erexerunt se ad considerandum ens, in quantum est ens; et consideraverunt causam rerum, non solum secundum quod sunt haec vel talia, sed secundum quod sunt entia. Hoc igitur quod est causa rerum, in quantum sunt entia, oportet esse causam rerum, non solum secundum quod sunt talia per formas accidentales, nec secundum quod sunt haec per formas substantiales: sed etiam secundum omne illud quod pertinet ad esse illorum quocunque modo. Et sic oportet ponere etiam materiam primam creatam ab universali causa entium.* Hiermit tritt Thomas in ausgesprochenen Gegensatz zu Aristoteles, nach welchem alles Werden d. h. aller Uebergang der Möglichkeit in die Wirklichkeit ein Sein voraussetzt, an welchem dieser Uebergang sich vollzieht,

auch aus der Idee Gottes. Die Natur bringt zwar als wirkende Ursache die natürlichen Dinge ihrer Form nach hervor, aber unter Voraussetzung der Materie. Würde nun Gott unter Voraussetzung von etwas wirken, so würde daraus folgen, daß dieses Vorausgesetzte nicht von ihm bewirkt ist. Da aber nichts Seiendes existirt, das nicht von Gott als der allgemeinen Ursache alles Seins ist, so ergibt sich hieraus, daß Gott die Dinge aus nichts zum Sein gebracht hat.[1] Doch das „aus nichts" soll nach Thomas nicht blos das Vorhandensein einer ewigen Materie negiren, sondern es kann, wie er sagt, auch so verstanden werden, daß dasjenige, was geschaffen wird, der Dauer nach auf nichts folgt, sodaß ihm das Nichts nicht blos der Natur, sondern auch der Dauer nach vorausgeht. Das Schaffen aus nichts hat dann den Sinn, daß Gott die Dinge nicht blos ohne präexistirende Materie hervorbringt, als ein von seinem eigenen Sein verschiedenes Sein, sondern daß er sie auch, nachdem vorher nichts war, ins Dasein gesetzt hat.[2]

---

welches den wechselnden Eigenschaften und Zuständen als ihr Subject zu Grunde liegt und sich in ihnen erhält; ein Sein, das als die Voraussetzung alles Werdens niemals entstanden sein und niemals vergehen kann (*Phys. I, 9:* ἄφθαρτον καὶ ἀγέννητον ἀνάγκη αὐτὴν εἶναι, εἴτε γὰρ ἐγίγνετο, ὑπόκεισθαί τι δεῖ πρῶτον, τὸ ἐξ οὗ ἐνυπάρχοντος .... εἴτε φθείρεται, εἰς τοῦτο ἀφίξεται ἔσχατον), vgl. Zeller II, 2. S. 234 ff.

1) *Summa th. lib. I, qu. XLV, art. II. Dicendum, quod non solum non est impossibile a Deo aliquid creari, sed necesse est ponere a Deo omnia creata esse. Quicunque enim facit aliquid in aliquo, illud, ex quo facit, praesupponitur actioni ejus, et non producitur per ipsam actionem. Sicut artifex operatur ex rebus naturalibus, ut ex ligno et aere, quae per artis actionem non causantur, sed causantur per actionem naturae. Sed et ipsa natura causat res naturales quantum ad formam, sed praesupponit materiam. Si ergo Deus non ageret nisi ex aliquo praesupposito, sequeretur quod illud praesuppositum non esset causatum ab ipso.*

2) Ebend. *art. I, c. Dicendum, quod cum dicitur aliquid ex nihilo fieri, haec praepositio ex non designat causam materialem, sed ordinem tantum; sicut cum dicitur: ex mane fit meridies, id est, post mane fit meridies. Sed intelligendum est, quod haec praepositio ex potest includere negationem importatam in hoc quod dico nihil, vel includi ab ea. Si primo modo, tunc ordo remanet affirmatus, et ostenditur ordo ejus, quod est ad non esse praecedens. Si vero negatio includat praepositionem, tunc ordo negatur, et est sensus: fit ex nihilo, id est, non fit ex aliquo; sicut si dicatur, iste loquitur de nihilo, quia non loquitur de aliquo. Et utroque modo verificatur, cum dicitur, ex nihilo aliquid fieri. Sed primo modo haec praepositio ex importat ordinem, ut dictum est. Secundo modo importat habitudinem causae materialis, quae negatur.*

Was nun die Schöpfermacht betrifft, so kommt dieselbe Gott ausschließlich zu; kein Geschöpf theilt sie mit ihm. Denn die Ordnung der Thätigkeiten bestimmt sich nach der Ordnung der Ursachen. Die erste und höchste Thätigkeit, welche es gibt, muß also auch ausschließlich der ersten und höchsten Ursache eigen sein. Der Schöpfungsact aber ist der erste und höchste Act, weil er keinen anderen Act voraussetzt, vielmehr alle andere Thätigkeit ihn voraussetzt; er kann also nur Gott zukommen.[1] Dazu kommt, daß allgemeinere Wirkungen immer auf allgemeinere und frühere Ursachen reducirt werden müssen. Die allgemeinste Wirkung kann also nur von der allgemeinsten und ersten Ursache ausgehen. Die allgemeinste Wirkung aber ist das Sein selbst. Folglich kann das Sein nur von Gott als der höchsten und allgemeinsten Ursache bewirkt werden. Aber gerade das ist der Begriff des Schaffens: das Sein schlechtweg hervorbringen, nicht dieses oder jenes Sein; daher muß auch aus diesem Grunde die Schöpfermacht einzig und allein Gott beigelegt und darf sie keinem andern Wesen außer ihm zugeschrieben werden.[2]

Nun fragt es sich aber, ob Thomas wirklich den wahren Schöpfungsbegriff festhalten kann. Wir verneinen dieß entschieden. Thomas redet von einer *processio creaturarum a Deo,* von einer *emanatio rerum a primo principio.* Man könnte zur Rechtfertigung dieser pantheistisch anrüchigen Ausdrücke sich auf die Ideenlehre des Thomas berufen. Denn wenn die gesammte Creatur nichts anderes ist als ein realisirtes Gedankensystem Gottes, jede Creatur ein verwirklichter Gedanke Gottes, dann scheint es nicht so sehr gefehlt zu sein, wenn Thomas das Entstehen der Dinge ein Hervorgehen aus Gott, eine Emanation nennt. Wo anders, könnte man fragen, waren jene Gedanken, jene Principien der Weltschöpfung, ehe sie in die reale Wirklichkeit traten, als in

---

1) *Contra gent. lib. III, cap. XXI. Quum enim secundum ordinem agentium sit ordo actionum, eo quod nobilioris agentis nobilior est actio, oportet, quod prima actio sit primi agentis propria. Creatio autem est prima actio, eo quod nullam aliam praesupponit et omnes aliae praesupponunt eam. Est igitur creatio propria Dei solius actio, qui est agens primum.*

2) *Summa th. l. c. art. V. Oportet universaliores effectus in universaliores et priores causas reducere. Inter omnes autem effectus universalissimum est ipsum esse. Unde oportet, quod sit proprius effectus primae et universalissimae causae, quae est Deus. Producere autem esse absolute, non in quantum est hoc vel tale, pertinet ad rationem creationis. Unde manifestum est, quod creatio est propria actio ipsius Dei.*

Gott? Ist nicht die Welt wesentlich nur die Ausführung des göttlichen Gedankens von der Welt d. h. die Ausführung der göttlichen Idee, der idealen Schöpfung oder der Schöpfung in der Idee? Ist nicht das zeitliche Sein nur der realisirte göttliche Gedanke von eben diesem zeitlichen Sein? — Allein wir haben gesehen, daß für Thomas die Ideen nur das göttliche Wesen sind, insofern sich dieses in verschiedenartiger Weise mittheilen will; er sagt *qu. XLIV, art. III* geradezu von den Ideen, den *formae exemplares: Quae quidem, licet multiplicentur secundum respectum ad res, tamen non sunt realiter aliud a divina essentia, prout ejus similitudo a diversis participari potest diversimode.* Allerdings spricht er sich in Bezug auf die Emanation weit vorsichtiger als sein Lehrer, Albert der Große, aus, welcher die Emanation als einen fließenden immanenten Proceß von der Thätigkeit einer wirkenden Ursache unterscheidet.[1]

Allein wenn Thomas behauptet, *quod omnia alia a Deo non sint suum esse, sed participent esse* und daß die geschöpflichen Dinge verschieden seien *secundum diversam participationem essendi (qu. XLIV, art. I.);* wenn er behauptet: „So lange etwas das Sein hat, ist Gott eben darin, daß es das Sein hat, in ihm, und da das Sein das Innerste und Tiefste von allem ist, ist Gott als der Sciende die allgemeine Form der Dinge",[2] — so sind eben nach ihm Gott und Welt wesensgleich, die Welt eine wirkliche Emanation aus Gott. Und wenn er auch nicht in der Art wie Albert der Große das Sein der Welt unmittelbar durch Emanation aus Gott hervorgehen läßt, sondern ihr Dasein auf den thätigen Willen Gottes zurückführt, so ist ja dieser Wille nichts als die *essentia Dei,* die als *causa prima* wirkt. Thomas steht auch hier auf demselben Standpunkt wie Scotus Erigena, welcher an die Lehre des Areopagiten anknüpfend sagt, daß *extra Deum nihil vere esse essentiale dici-*

---

1) *De causis et processu univers. Tract. IV. Opp. T. V. p. 552: Non fluit, nisi id, quod unius formae est in fluente et in eo, in quo fit fluxus. — Idem est fluere quod univoce causare. — Unde cum causa aliquid agat in subjecto aliquo existens, fluxus autem de ratione sua nihil dicat, nisi processum formae ab ipso simplici formali principio, patet, quod fluere non est idem quod causare. — Fluxus est emanatio formae a principio fonte, qui omnium formarum est fons et origo. — Fluxus semper est in fieri.*

2) *Summa th. P. I, qu. VIII, art. I. Esse est illud, quod est magis intimum cuilibet, et quod profundius omnibus inest, cum sit formale respectu omnium, quae in re sunt, unde patet, quod Deus sit in omnibus rebus ei intime.*

tur, weil alles nur existire, *in quantum participatio Dei est*, so daß also Gott allein ein wahrhaftes Sein zukommt und Schöpfer und Geschöpf in das Eine göttliche Princip zusammenzufassen sind, weil eben alle Creatur nichts ist, soweit ihr überhaupt ein Sein zukommt, als eine Participation dessen, *qui solus vere est*[1] — obgleich auch bei ihm sich der speculative Pantheismus mit dem christlichen Theismus in seiner Lehre von den *primordiales causae* durchkreuzt, in denen und besonders in deren Einheit, dem Logos, die Welt von Ewigkeit her existiren soll.[2]

Mit dieser emanatistischen Weltanschauung verknüpft sich nun auch ganz consequent die Anschauung des Thomas von der Welt als einer in sich zusammengefaßten Einkeit einer Reihe von abwärts gehenden Stufen der Vollkommenheit, die sich nur quantitativ von einander unterscheiden. Im Gegensatz zu Origenes, der den Grund der Ungleichheit in der Welt nur in der Freiheit sucht, damit aber doch eigentlich die Mannigfaltigkeit dualistisch zu etwas Bösem macht, ist dem Thomas die *sapientia Dei* die *causa distinctionis rerum propter perfectionem universi, ita et*

---

1) *De divis. nat. II, 2: Quid, si creaturam creatori adjunxeris, ita ut nihil aliud in eo intelligas, nisi ipsum, qui solus vere est? Nihil enim extra ipsum vere essentiale dicitur, quia omnia, quae ab eo sunt, nihil aliud sunt, in quantum sunt, nisi participatio ipsius, qui a se ipso solus per se ipsum subsistit: num negabis, creatorem et creaturam unum esse? Disc.: non facile negarim.* — *I, 72: In ipso omnia sunt, extra ipsum nihil est;* — *nil enim eorum, quae sunt, per se ipsum vere est; quodcunque autem in eo vere intelligitur, participatione ipsius unius, qui solus per se ipsum vere est, accipit esse.* — *III, 17: Cogis nos fateri, omnia, quaecunque aeterna et facta dicuntur, Deum esse. Si enim divina voluntas divinaque visio essentialis est et aeterna, et non aliud est ei esse, aliud velle, aliud videre, sed unum et id ipsum superessentiale, et omne, quodcunque intra voluntatem et visionem suam comprehendit, non aliud praeter ipsum ratio sinit intelligi; simplex siquidem natura intra se non patitur esse, quod ipsa non sit: restat sine ulla controversia, unum Deum omnia in omnibus esse fateri.* — *III, 4: Ambit enim omnia, et nihil intra se est, in quantum vere est, nisi ipsa, quia sola vere est. Caetera quae dicuntur esse, ipsius theophaniae sunt, quae etiam in ipsa vere subsistunt. Deus itaque est omne, quod vere est, quoniam ipse facit omnia et fit in omnibus, ut ait S. Dionys. Areop.*

2) Ueber die fundamentale Controverse, ob die Grundlage des Systems Erigena's eine pantheistische oder eine theistische sei, vergleiche man auf der einen Seite Neander (K. Gesch. IV, S. 390 ff.), Baur (Dreieinigkeits-Lehre Bd. 2. S. 274 ff.), Dorner (Christologie Bd. 2. S. 345 ff.) — auf der anderen Seite Staudenmaier (Lehre von der Idee S. 583 ff.). Helfferich (Mystik Bd. 1. S. 193).

inaequalitatis; non enim perfectum esset universum, si tantum unus gradus bonitatis inveniretur in rebus (qu. XLVII, art. II); aber diesen Stufenunterschied denkt Thomas nur quantitativ, nicht qualitativ,[1] und er identificirt darum wieder den Begriff der Mannichfaltigkeit und des Stufenunterschiedes mit dem der qualitativen Unvollkommenheit; die Grade des Seins sind als Grade ein *defectus*, eine *corruptio*, verglichen mit dem unendlichen Sein Gottes. Dieser emanatistische Pantheismus ist aber ebenso nothwendig ein System deterministischer Dependenz, in welchem jede Stufe durch die ihr vorangehende und das Ganze zuletzt von Gott als der *prima causa movens* schlechthin bedingt wird.[2]

Daß Thomas von diesem Emanatismus aus zur Annahme einer Ewigkeit der Welt geneigt sein muß, liegt auf der Hand; abgesehen davon, daß ihn schon sein abstracter Begriff von der Unveränderlichkeit Gottes dazu hindrängt. Er führt zuerst für die Ewigkeit der Welt zehn Argumente auf, von denen wir nur die vier letzten anführen wollen. Die beiden ersteren beziehen sich auf den Begriff der Zeit, die beiden letzteren auf die Causalität Gottes. Die Beweise aus dem Begriff der Zeit gestalten sich auf folgende Weise: 1) die Zeit steht immer am Anfang und am Ende, weil sie nichts anderes ist, als das Jetzt, welches das Ende des Vergangenen und der Anfang des Künftigen ist. Da nun die Zeit weder anfangen noch aufhören kann, so gilt dasselbe auch von der Bewegung, die nach der Zeit gemessen wird.[3] 2) Gott ist entweder nur seiner Natur nach oder der Dauer nach vor der Welt. Wenn der Natur nach, so ist, da Gott ewig ist, auch die Welt ewig. Ist er aber der Dauer nach vor der Welt, so war, da das Vor und Nach der Dauer die Zeit bestimmt, vor der Welt eine Zeit, was nicht möglich ist.[4] Dasselbe Resultat ergibt

---

1) *Contra gent. lib. III, cap. LXXXXVII: Inveniat, si quis intelligenter consideret, gradatim res diversitate compleri.*
2) Darüber, wie dieser emanatistische Pantheismus im weiteren Verlauf des Systems des Thomas sich geltend macht, vergleiche man den Artikel „Thomas von Aquino" von Landerer in Herzog's Real-Encyclopädie.
3) *Summa th. lib. I, qu. XLVI, art. I. Quidquid est semper in principio et semper in fine, nec desinere nec incipere potest. Quia quod incipit, non est in suo fine: quod autem desinit, non est in suo principio. Sed tempus semper est in suo principio et fine: quia nihil est temporis nisi nunc, quod est finis praeteriti et principium futuri. Ergo tempus nec incipere nec desinere potest: et per consequens nec motus cujus numerus tempus est.*
4) Ebend. *Deus aut est prior mundo natura tantum, aut duratione. Si natura*

sich aus der Causalität Gottes: 1) Mit der zureichenden Ursache ist auch die Wirkung gesetzt; Gott ist die zureichende Ursache der Welt; also muß, wie er ewig ist, auch die Welt ewig sein.¹ 2) Was ewig wirkt, hat auch eine ewige Wirkung. Das Wirken Gottes ist seine ewige Substanz; wie diese ewig ist, muß demnach auch die Welt ewig sein.²

Dieser bejahenden Argumentation stellt jedoch Thomas die verneinende Behauptung entgegen, daß außer Gott nichts ewig sein könne. Die Ursache der Dinge, sagt er, ist der Wille Gottes. Nothwendig ist also was Gott mit Nothwendigkeit will, da die Nothwendigkeit der Wirkung von der Nothwendigkeit der Ursache abhängt. Da nun aber Gott mit Nothwendigkeit nur sich selbst wollen kann, so ist die Welt nur sofern Gott will, daß sie ist, und es ist nicht nothwendig, daß die Welt immer ist.³ Hienach scheint die Annahme einer Ewigkeit im Sinne des Thomas entschieden verworfen werden zu müssen. Dennoch wirft er die Frage auf, ob der Anfang der Welt ein Glaubensartikel sei. Da nun dieß nicht geleugnet werden kann, Glaubensartikel aber als solche nicht demonstrirt werden können, so wird das Unzureichende der Gründe für die Nichtewigkeit der Welt dafür geltend gemacht, *quod mundum non semper fuisse sola fide tenetur.* Der Ursprung der Welt kann nicht aus dem Begriffe der Welt demonstrirt werden. Falls aus dem Sein der Welt selbst ein Beweis für den Anfang derselben entnommen werden sollte, so müßte das Princip dieser Demonstration das Wesen des Geschöpflichen überhaupt sein. Allein

---

tantum, ergo cum Deus sit ab aeterno, et mundus est ab aeterno. Si autem est prior duratione; — prius autem et posterius in duratione constituunt tempus; ergo ante mundum fuit tempus. Quod est impossibile.

1) Ebend. *Posita causa sufficiente ponitur effectus. Causa enim, ad quam non sequitur effectus, est causa imperfecta indigens alio ad hoc, quod effectus sequatur. Sed Deus est sufficiens causa mundi, et finalis ratione suae bonitatis, et exemplaris ratione suae sapientiae et effectiva ratione suae potentiae. Cum ergo Deus sit ab aeterno, et mundus fuit ab aeterno.*

2) Ebend. *Cujus actio est aeterna, et effectus aeternus. Sed actio Dei est ejus substantia, quae est aeterna. Ergo et mundus est aeternus.*

3) Ebend. *Voluntas Dei est causa rerum. Sic ergo aliqua necesse est esse, sicut necesse est Deum velle illa; cum necessitas effectus ex necessitate causae dependeat. Ostensum est autem supra, quod absolute loquendo non est necesse Deum velle aliquid nisi se ipsum. Non est ergo necessarium Deum velle, quod mundus fuerit semper: sed eatenus mundus est, quatenus Deus vult illum esse: cum esse mundi ex voluntate Dei dependeat, sicut ex sua causa. Non est igitur necessarium mundum semper esse.*

das Ansich, das Wesen der geschöpflichen Dinge abstrahirt an und für sich von allen individuellen Bestimmtheiten, also auch vom Dasein dieser Dinge. Es bietet uns somit gar keinen Anhaltungspunkt dar, woraus wir überhaupt etwas über das Dasein dieser Dinge erschließen könnten. Folglich läßt sich daraus auch auf Anfang oder Nichtanfang dieses ihres Daseins kein Schluß ziehen. Ebensowenig ist dieß möglich, wenn man den Begriff der wirkenden Willensursache zur Beweisgrundlage nimmt. Der Wille Gottes kann nur in Beziehung auf dasjenige, was Gott mit absoluter Nothwendigkeit will, durch die Vernunft erforscht werden. Dagegen kann der Wille Gottes durch eine Offenbarung, welche Object des Glaubens ist, mitgetheilt werden. Folglich ist auch in dieser Beziehung der menschlichen Vernunft die Möglichkeit eines stringenten Beweises für das Angefangenhaben der Welt abgeschnitten.[1] Der Anfang der Welt ist daher ein Glaubenssatz, wie das Mysterium der Trinität, und es ist nützlich, dieß wohl zu beachten, um nicht Ungläubigen eine Veranlassung darzubieten, über unsern Glauben zu spotten, indem sie zu der Meinung veranlaßt werden, man glaube aus nichts beweisenden Gründen dasjenige, was nur Sache des Glaubens sei.[2] Hiermit verbindet Thomas die Kritik von mehreren Argumenten für den Anfang der Welt; wir führen einige derselben sammt ihrer Kritik an. „Wenn die Welt anfangslos wäre, so wäre damit ein innerer Widerspruch gegeben, weil sowohl die wirkende Ursache der Wirkung der Dauer nach vorangehen muß, als auch der Begriff einer Schöpfung aus nichts es mit sich bringt, daß in der geschöpflichen Wirkung selbst das Nichtsein der Dauer nach dem Sein vorausgehe." — So lautet ein Beweis. Was nun zu-

---

[1] Ebend. art. II. *Dicendum quod mundum non semper fuisse sola fide tenetur, et demonstrative probari non potest. Et hujus ratio est, quia novitas mundi non potest demonstrationem recipere ex parte ipsius mundi. Demonstrationis enim principium est quod quid est. Unumquodque autem secundum rationem suae speciei abstrahit ab hic et nunc, propter quod dicitur, quod universalia sunt ubique et semper. Unde demonstrari non potest, quod homo aut coelum aut lapis non semper fuit. Similiter etiam neque ex parte causae agentis, quae agit per voluntatem. Voluntas enim Dei ratione investigari non potest, nisi circa ea, quae absolute necesse est Deum velle. Talia autem non sunt, quae circa creaturas vult. Potest autem voluntas Dei homini manifestari per revelationem, cui fides innititur. Unde mundum incepisse est credibile, non autem demonstrabile vel scibile.*

[2] Ebend. *Et hoc utile est, ut consideretur, ne forte aliquis, quod fidei est, demonstrare praesumens rationes non necessarias inducat, quae praebeant materiam irridendi infidelibus existimantibus, nos propter hujusmodi rationes credere, quae fidei sunt.*

nächst den ersten Grund betrifft, so muß, wie Thomas dagegen bemerkt, allerdings die wirkende Ursache der Dauer nach der Wirkung vorausgehen, wenn sie ihre Wirkung mittelst successiver Bewegung hervorbringt; nicht aber dann, wenn sie dieselbe mit Einem Male setzt. Man sieht dieß z. B. an der Sonne, welche, weil sie die Erleuchtung nicht nach und nach, sondern mit Einem Male hervorbringt, dieser ihrer Wirkung nicht der Zeit nach vorangeht, sondern mit ihr durchaus gleichzeitig ist. Nun aber bringt Gott die Welt nicht in successiver Bewegung, sondern mit Einem Male hervor, indem die Schöpfung nur als eine *actio in instanti* gedacht werden kann. Folglich ist es keineswegs nothwendig, daß Gott der Welt der Dauer nach vorhergehe.[1] Aber auch der Begriff der Schöpfung aus nichts bringt es nicht mit sich, daß in der geschöpflichen Wirkung selbst das Nichtsein der Dauer nach dem Sein vorausgehe. Denn das „aus nichts" will nur sagen, daß nichts dagewesen sei, woraus das geschöpfliche Sein geworden ist.[2] — „Allein", sagt man, „wenn die Welt ewig ist, dann ist uns im gegenwärtigen Augenblicke schon eine unendliche Zahl von Menschen vorangegangen. Da aber die menschlichen Seelen unsterblich sind, so muß jetzt bereits eine *actu* unendliche Zahl von Seelen existiren." Dagegen bemerkt Thomas, daß dieser Beweis nur einen particulären Charakter habe, indem es sich hier um die allgemeine Frage handle, ob ein geschöpfliches Sein überhaupt als ewig und anfangslos denkbar sei. Wenn also eine bestimmte Classe geschöpflicher Wesen nicht so gedacht werden könne, so würde damit keineswegs die Möglichkeit anfangsloser Existenz bei andern Wesen beseitigt sein.[3] Ein dritter Be-

---

1) Ebend. *Considerandum est, quod causa efficiens, quae agit per motum, de necessitate praecedit tempore suum effectum, quia effectus non est nisi in termino actionis: agens autem omne oportet esse principium actionis. Sed si actio sit instanea et non successiva, non est necessarium, faciens esse prius facto duratione, sicut patet in illuminatione. Unde dicunt, quod non sequitur ex necessitate, si Deus est causa activa mundi, quod sit prior mundo duratione: quia creatio, qua mundum produxit, non est mutatio successiva.* — Contra gent. lib. II, cap. XXXVIII. *Agens de necessitate praecedere effectum, qui per suam operationem fit, verum est in his, quae agunt aliquid per motum, quia effectus non est nisi in termino motus, agens autem necesse est etiam quum motus incipit; in his autem, quae in instanti agunt, hoc non est necesse; sicut simul, dum sol est in puncto orientis, illuminat nostrum hemisphaerium.*
2) Summa th. l. c. ad 2.
3) Ebend. ad 8. *Considerandum quod haec ratio peculiaris est. Unde posset*

weis, den Thomas anführt, um ihn zu widerlegen, gründet sich auf den Grundsatz, daß Unendliches als solches nicht durchschritten werden kann. „Wenn die Welt ewig ist, so sind dem gegenwärtigen Tage unendlich viel Tage vorangegangen. Da nun das Unendliche nicht zu durchschreiten ist, so würde man niemals den gegenwärtigen Tag erreicht haben, was offenbar falsch ist."[1] Hierauf antwortet Thomas: Wenn von einem Durchschreiten die Rede ist, so kann dieß nur so gemeint sein, daß dieses Durchschreiten von einem bestimmten Punkte ausgehe und einem anderen bestimmten Punkte sich zubewege. Welcher von den vergangenen Tagen nun auch immer als Ausgangspunkt angenommen werden möge, so liegen zwischen diesem und dem heutigen Tage nur eine endliche Anzahl von Tagen, und diese können wohl durchschritten werden. Der angeführte Gegenbeweis setzt dagegen voraus, daß die in der Mitte zwischen dem Ausgangs- und Endpunkt liegenden Tage unendlich an Zahl seien, was jedoch in keinem Falle stattfinden kann.[2]

So bleibt Thomas schließlich bei dem Resultate stehen, daß der Anfang der Welt mit Vernunftgründen nicht apodiktisch erwiesen werden könne, und daß wir also, um davon eine gewisse Kenntniß zu gewinnen, auf die Offenbarung und den Glauben angewiesen seien. Diese Hinneigung des Thomas zu der These einer Ewigkeit der Welt hängt offenbar mit seinem unlebendigen Gottesbegriff zusammen, nach welchem Gott, das schlechthin einfache Sein, ausschließlich unter dem Begriff der absoluten Causalität, nicht als freie schöpferische Liebe aufgefaßt werden kann. Ist Gott *actus purus,* ohne alle und jede Potenzialität, fällt sein Wollen mit seinem Sein zusammen, ist der Begriff der göttlichen Güte identisch im letzten Grunde mit dem der absoluten Causalität, so kann der Grund, den Thomas für die Annahme der Ewigkeit der Welt geltend macht, nämlich *„posita causa sufficienti ponitur effectus"* und *„cujus actio est*

---

dicere aliquis, quod mundus fuit aeternus, vel saltem aliqua creatura, ut angelus, non autem homo. Nos autem intendimus universaliter, an aliqua creatura fuerit ab aeterno.

1) Ebend. *Si mundus semper fuit, infiniti dies praecesserunt diem istum. Sed infinita non est pertransire. Ergo nunquam fuisset perventum ad hunc diem. Quod est manifeste falsum.*

2) Ebend. *Dicendum, quod transitus semper intelligitur a termino in terminum. Quaecunque autem praeterita dies signetur, ab illa usque ad istam sunt finiti dies, qui pertransiri potuerunt. Objectio autem procedit, ac si positis extremis sint media infinita.*

J. Delitzsch, Gotteslehre des Thomas v. Aquino.

aeterna et effectus aeternus; sed actio Dei est ejus substantia, quae est aeterna; ergo et mundus est aeternus," von ihm nie einem anderen Grunde, der den Anfang der Welt wahrscheinlich machen soll, an die Seite gestellt werden. Thomas muß gegen die Kirchenlehre von seinem neuplatonischen Gottesbegriff aus die Welt zum ewigen Correlate Gottes machen. Dieß ist eine Consequenz, der sich auch Scotus Erigena zugetrieben sieht,[1] die aber auch er nicht recht Wort haben will, indem er die Geschöpfe zwar in ihren *causis primordialibus* und im Logos, nicht aber in den Wirkungen als von Ewigkeit her existirend betrachtet,[2] sie von der Ewigkeit des Logos eben dadurch, daß sie geworden seien, zu unterscheiden sucht[3] und im Widerspruch mit dem obigen Satze, die Ursachen seien nur dadurch Ursachen, daß sie zugleich eine Wirkung haben, wonach es keine in sich ruhende Ursache gibt, die eine Zeit lang ohne Wirkung bleiben könnte, behauptet, es gehe die Ursache der Wirkung zeitlich voraus,[4] — ohne jedoch über das Zugeständniß hinwegzukommen, daß, weil Gott kein Accidens zukomme, darum auch die Schöpfung dem Wesen Gottes zeitlich nicht nachfolgen könne.[5] Wenn nun aber, wie wir gesehen haben, Gott

---

1) *De divisione nat. V, 25: Si Dei sapientia in effectus causarum, quae in ea aeternaliter vivunt, non descenderet, causarum ratio periret: pereuntibus enim causarum effectibus nulla causa remaneret, sicut pereuntibus causis nulli remanerent effectus; haec enim relativorum ratione simul oriuntur, et simul occidunt, aut simul et semper permanent.*

2) Ebend. *II, 21: Omnis creatura incipit esse, quia erat, quando non erat: erat in causis, quando non erat in effectibus; non omnino igitur vere aeternitati coaeterna est.*

3) Ebend. Wie Erigena von den *primordiales causae* sagt, daß sie *Deo coaeternae sunt, quia semper in Deo sine ullo temporali principio subsistunt*, daß sie aber *non omnino tamen Deo coaeternae sunt, quia non a se ipsis, sed a suo Creatore incipiunt esse, ipse vero Creator nullo modo incipit esse*, so lehrt er *III, 5* von der dritten Naturform: *In primordialibus suis causis omnia in sapientia Patris aeterna sunt, non tamen ei coaeterna.*

4) Ebend. *III, 5: Praecedit enim causa effectus suos. — Artifex omnium, Deus Pater, secundum causam artem suam praecedit; ipsa vero ars (Logos) praecedit omnia, quae in ea et per eam et ab ea subsistunt; eorum namque causa est. Hinc conficitur, in Patris sapientia omnia aeterna esse, non tamen ei coaeterna.* Erigena will also zwischen Aeternität d. i. vorzeitlich ideeller Existenz und Coäternität mit Gott einen Unterschied festhalten.

5) Ebend. *III, 8: Deus non erat subsistens, antequam universitatem conderet. Nam si esset, conditio sibi rerum accideret. Deum praecedere universitatem*

und Welt nach Thomas wesensgleich sind, so können wir schließlich
noch die Frage erheben, ob Thomas nicht in der Consequenz dazu
gedrängt werde, unter dieser Einheit eine Einerleiheit zu verstehen,
sodaß das Wesen Gottes in dem Dasein der Welt aufginge. Allerdings ist es so klar als möglich, daß Thomas bei jener Einheit die
Transscendenz Gottes über alles creatürliche Sein festzuhalten sucht.
Allein wenn er Gottes Wesen mit dem Gedanken Gottes von der
Welt, folglich mit der Welt identificirt, so ist eben die Einheit Gottes
und der Creatur in der Consequenz im Sinne einer pantheistischen
Einerleiheit zu verstehen, wie auch Erigena trotzdem, daß er das
unveränderliche, überweltliche Sein Gottes festzuhalten sucht neben
der Selbstmittheilung Gottes,[1] und das göttliche Wesen in seiner
Extension nicht aufgehen, sondern zugleich *segregatum ab omnibus
subsistere*, die *processio Dei per omnia* seine *mansio in se ipso* nicht
ausschließen lassen will,[2] ausdrücklich lehrt, daß nichts außerhalb
Gott subsistire,[3] und daß um der Einfachheit des göttlichen Wesens
willen nichts innerhalb Gott sein könne, was nicht er selbst sei, so
daß also für Erigena nichts übrig bleibt, als daß Gott Alles in Allem
ist,[4] und zwar dieß in schlechthin pantheistischem Sinn, daß Gott

---

*credimus non tempore, sed ea sola ratione, qua causa omnium ipse intelligitur.
Si enim tempore praecederet, accidens ei secundum tempus facere universitatem foret.
Quoniam vero ea sola ratione, qua causa est, universitatem — praecedit, sequitur,
universitatis conditionem non esse Deo secundum accidens, sed secundum quandam
ineffabilem rationem, qua causativa in causa sua semper.*

1) Ebend. *I, 12: Deus stat in se ipso incommutabiliter, nunquam naturalem suam stabilitatem deserens. Movet autem se ipsum per omnia, ut sint ea,
quae a se essentialiter subsistunt; motu enim ipsius omnia fiunt. Deus ergo currens
dicitur, non quia extra se currat, qui semper in se ipso immutabiliter stat, qui omnia
implet, sed quia omnia currere facit ex non existentibus in existentia.*

2) Ebend. *III, 9: Manet ergo in se ipso universaliter et simpliciter, quoniam
in ipso unum sunt omnia. Attingit autem a fine usque ad finem, et velociter currit
per omnia, h. e. sine mora facit omnia et fit in omnibus omnia, et dum in se ipso
unum perfectum et plus quam perfectum et ab omnibus segregatum subsistit,
extendit se in omnia et ipsa extensio est omnia.*

3) Ebend. *III, 17: Firmiter atque inconcusse teneo, nullam naturam vel creatam vel non creatam extra Deum subsistere et nullo modo esse; omne vero, quod
subsistit, sive creatum, sive non creatum, intra ipsum contineri.*

4) Ebend. *Si omne, quodcunque intra voluntatem et visionem suam comprehendit,
non aliud praeter ipsum ratio sinit intelligi; simplex siquidem natura intra se non
patitur esse, quod ipsa non sit: restat sine ulla controversia, unum Deum omnia in
omnibus esse fateri.*

und Creatur nicht zwei getrennte Wesen, sondern *unum et id ipsum* sind.[1]

So sehen wir Thomas am Abgrund eines vollständigen Akosmismus stehen, nach welchem nur Gott existirt und Alles, was ist, eben darum, weil es ist, mit dem Wesen Gottes identisch ist — eine Weltanschauung, welche die Kehrseite des Pantheismus ist. So sehr also Thomas darnach ringt, über die Schranken des areopagitischen Gottesbegriffes hinauszukommen, sein Ringen bleibt doch im Grunde erfolglos; er vermag sich nicht von der pantheistischen Basis loszureißen. Weil er gebunden und gefesselt durch den areopagitischen Neuplatonismus das Wissen, Wollen und Wirken Gottes in die abstracte Tiefe seiner absoluten Einfachheit und Sichselbstgleichheit zurücknimmt, so muß er schließlich die Selbständigkeit der Welt vollkommen aufopfern oder das Wesen Gottes und der Welt so zusammenfließen lassen, daß eine selbständige Existenz Gottes über der Creatur nicht mehr denkbar ist. Mit dem Allen wollen wir natürlich nicht behaupten, daß Thomas in seinem Herzen und nach seiner religiösen Stellung Pantheist gewesen sei. Aber seine dialektische Entwickelung der Gotteslehre trägt so sehr das Gepräge des areopagitisch-neuplatonischen Pantheismus, daß sie eine solche Beziehung des Menschen zu Gott, wie sie z. B. in dem Gebet vorausgesetzt wird, auszuschließen scheint. Mag daher Thomas als Christ und als Theolog noch so hohe Achtung und Verehrung verdienen, schon seine Gotteslehre zeigt, wie verkehrt das Bestreben derjenigen römischen Theologen ist, die seiner Theologie durchaus normative Geltung zuerkannt wissen wollen.

1) Ebend. *III, 17: Conclusum est, divinam naturam solam vere ac proprie in omnibus esse, et nihil vere ac proprie esse, quod ipsa non sit. Perinde non duo se ipsis distantia debemus intelligere Deum et creaturam, sed unum et id ipsum. Nam et creatura in Deo est subsistens, et Deus in creatura mirabili modo creatur se ipsum manifestans et fit in omnibus omnia.*